ÉDITORIAL

AOÛT 2021

Dieu fait des merveilles !

Une fois n'est pas coutume, je suis assis à la terrasse d'un café, juste à côté de l'église du village. Les terrasses sont ouvertes et la crise sanitaire semble enfin s'éloigner. La vie reprend petit à petit, et nous nous laissons surprendre à rêver que cela soit enfin la sortie de cette crise. Le mois d'août est là. Mois de vacances par excellence pour nombre d'entre nous, il nous donne aussi de vivre un autre rythme. Repos, pèlerinages, lectures, randonnées, retrouvailles familiales sont comme un parfum d'été qui réveille en nous la vie d'avant. Nous en avons des choses à nous raconter sous le ciel étoilé. Consciemment ou inconsciemment, au gré des échanges, nous relisons nos vies et cette période étrange que nous vivons. Dans la prière, la parole de Dieu nous éclaire. L'Esprit nous donne de comprendre ce que nous ne comprenons pas, de faire mémoire de ce que nous avions oublié. Dieu ne cesse de nous aimer. En notre vie, comme en celle de Marie et d'Élisabeth, il ne cesse de faire des merveilles. À Dieu, tout est possible. Belle fête de l'Assomption ! ■

Un parfum d'été qui réveille en nous la vie d'avant.

Prier avec le Saint-Père

Intention pour l'évangélisation du mois d'août 2021

Prions pour l'Église,
afin qu'elle reçoive du Saint-Esprit
la grâce et la force
de se réformer à la lumière
de l'Évangile.

Pour vous aider à prier :
www.prieraucoeurdumonde.net

SAINTS ET SAINTES DU MOIS D'AOÛT 2021

Xavier Lecœur, journaliste et historien

Chaque jour, l'Église fête plusieurs saints et bienheureux : ceux du calendrier romain, ceux des calendriers diocésains et ceux du calendrier des Églises orientales.
Tous les mois, Prions en Église *vous propose d'en découvrir quelques-uns.*

1er août
St Alphonse-Marie de Liguori
(1696-1787)
« Tout notre salut réside dans la prière », affirmait ce Napolitain, fondateur de la congrégation des Rédemptoristes, également auteur de nombreux ouvrages de théologie morale et de spiritualité. Docteur de l'Église.

2 août
St Pierre-Julien Eymard
(1811-1868)
Natif de l'Isère, il fonda en 1856 la congrégation des Prêtres du Saint-Sacrement, voués à la propagation de la dévotion eucharistique. Canonisé par saint Jean XXIII en 1962.

3 août
St Aspren
(IIe siècle)
Vénéré comme premier évêque de Naples. Il aurait connu saint Pierre.

4 août
St Jean-Marie Vianney
(1786-1859)
« Je vous aime, ô mon Dieu, et mon seul désir est de vous aimer jusqu'au dernier soupir de ma vie » : ainsi priait le célèbre Curé d'Ars (Ain). Canonisé en 1925, il fut proclamé patron de tous les curés du monde en 1929.

5 août
Ste Marguerite de Cesolo
(1325-1385)
Après la mort de son mari, cette laïque de San Severino (Marches, Italie) mena une vie de prière, de charité et de pénitence, au service du Christ.

6 août
Bse Marie-Françoise Rubatto
(1844-1904)
C'est en 1885 que cette Italienne du Piémont fonda la congrégation des Capucines vouées au soin des malades et à l'enseignement. Bientôt canonisée.

7 août
St Victrice
(vers 330-vers 407)
Ami de saint Martin de Tours, il évangélisa l'Artois et la Flandre. Devenu évêque de Rouen, il eut une activité pastorale intense.

8 août
St Dominique de Guzman
(1170-1221)
Il y a 800 ans, le fondateur de l'ordre des frères prêcheurs (dominicains) rendait son âme à Dieu dans la ville de Bologne (Italie). Il allait être canonisé treize ans plus tard par le pape Grégoire IX.

9 août
Ste Edith Stein
(1891-1942)
« La petite hostie est l'image silencieuse de la pureté et de la paix », écrivait cette philosophe d'origine juive, entrée au Carmel sous le nom de Thérèse-Bénédicte de la Croix. Elle mourut à Auschwitz. Copatronne de l'Europe depuis 1999.

10 août
St Laurent
(vers 225-258)
Diacre du pape saint Sixte II, il mourut brûlé vif pour avoir refusé de remettre à l'empereur les aumônes que l'Église destinait aux pauvres.

11 août
St Taurin
(IVe et Ve siècles)
Premier évêque et apôtre d'Évreux (Eure).

12 août
Bx Karl Leisner
(1915-1945)
Il y a vingt-cinq ans, en 1996, le pape saint Jean-Paul II béatifiait ce diacre allemand qui, interné au camp de Dachau, avait été ordonné prêtre clandestinement par un évêque français, Mgr Piguet.

13 août
Ste Radegonde
(518-587)
Mariée de force à un roi violent (Clotaire, fils de Clovis), elle osa quitter la cour, opta pour la vie religieuse et fonda, à Poitiers (Vienne), l'abbaye Sainte-Croix.

14 août
St Maximilien Kolbe
(1894-1941)
« L'amour doit être l'unique ressort de notre existence », affirmait ce père franciscain polonais qui, à Auschwitz, donna sa vie pour sauver celle d'un autre déporté. Canonisé en 1982.

15 août
Assomption de la Vierge Marie

16 août
St Roch
(vers 1327-1380)
Né à Montpellier, il se dévoua pour les malades atteints de la peste noire.

17 août
Bx Nicolas Politi
(1117-1167)
Ermite sicilien qui vécut dans une grotte pendant trente ans. Il se rendait une fois par semaine au monastère voisin pour assister à la messe.

18 août
Ste Hélène
(vers 248-vers 329)
Mère de l'empereur Constantin. Selon saint Ambroise de Milan, elle aurait découvert la croix du Christ à Jérusalem, sur le mont des Oliviers.

19 août
Bx Guerric
(vers 1070-1157)
Cet abbé du monastère cistercien de Notre-Dame d'Igny (Marne) a laissé une cinquantaine de sermons, marqués par une forte spiritualité mariale.

20 août
St Bernard
(1090-1153)
« Nul ne doit vivre pour soi seul, c'est pour tous qu'il faut vivre », rappelait cette grande figure chrétienne du Moyen Âge, fondateur de la célèbre abbaye de Clairvaux (Aube). Docteur de l'Église.

21 août
St Pie X
(1835-1914)
Élu pape en 1903, il prit pour devise : « Tout restaurer dans le Christ. » Pie X incita les fidèles à communier plus souvent et abaissa à 7 ans l'âge de la première communion. Canonisé en 1954.

22 août
St Philippe Benizi
(1233-1285)
Supérieur des Servites de Marie pendant dix-neuf ans, il développa l'ordre fondé par saint Alexis Falconieri et ses six compagnons florentins.

23 août
Ste Rose de Lima
(lire page 173)

24 août
Ste Émilie de Vialar
(1797-1856)
Née à Gaillac (Tarn), elle fonda en 1832 la congrégation enseignante

et hospitalière des Sœurs de Saint-Joseph de l'Apparition, présente aujourd'hui sur les cinq continents. Canonisée en 1951.

25 août
Bx Thomas a Kempis
(1379-1471)
Ce moine allemand vécut l'essentiel de sa vie dans un monastère près de Zwolle (Hollande). C'est à lui que l'on attribue aujourd'hui la rédaction du célèbre ouvrage de dévotion : *L'Imitation de Jésus Christ.*

26 août
Ste Thérèse Jornet
(1843-1897)
Native de Catalogne, elle fonda en 1872 la Congrégation des Petites Sœurs des vieillards abandonnés pour venir en aide aux personnes âgées démunies. Canonisée en 1974 par saint Paul VI.

27 août
Bx Dominique Barberi
(1792-1849)
Ce religieux passionniste italien exerça son apostolat notamment en Angleterre. Il reçut le futur saint John Henry Newman dans l'Église romaine. Béatifié en 1963.

28 août
St Augustin
(354-430)
« Se réjouir en toi, de toi et pour toi, voilà la vie heureuse », affirmait le grand évêque d'Hippone (actuelle Annaba, Algérie), auteur, entre autres, des *Confessions,* de *La Cité de Dieu* et de nombreux sermons. Docteur de l'Église.

29 août
Martyre de saint Jean Baptiste
(Ier siècle)

30 août
St Fiacre
(vers 590-vers 670)
Cet ermite irlandais, installé près de Meaux, soignait et nourrissait les pauvres avec les produits de son jardin. Il était vénéré pour sa piété et sa bonté. Patron des jardiniers et des chauffeurs de taxi.

31 août
Sts Joseph d'Arimathie et Nicodème
(Ier siècle)
Le *Martyrologe romain* fête aujourd'hui ces deux disciples qui, après avoir recueilli le corps de Jésus déposé de la croix, l'enveloppèrent de linges et le déposèrent dans un tombeau.

Prions avec les textes de la messe

DU 1ER AU 31 AOÛT 2021

Dimanche 1er août, *18e dimanche du temps ordinaire* . . . . ***p. 11***

Dimanche 8 août, *19e dimanche du temps ordinaire* . . . . ***p. 61***

Dimanche 15 août, *Assomption de la Vierge Marie*. . . . . ***p. 109***

Dimanche 22 août, *21e dimanche du temps ordinaire* . . . . . . ***p. 158***

Dimanche 29 août, *22e dimanche du temps ordinaire* . . . . . . ***p. 206***

Partagez vos intentions de prière

....

....

....

....

....

....

....

....

....

Envoyez vos intentions de prière à :
Prions en Église, Intentions de prière, 18 rue Barbès, 92128 Montrouge Cedex.
Elles seront portées par les lecteurs qui partiront en pèlerinage.

DIMANCHE 1ER AOÛT 2021

18E DIMANCHE DU TEMPS ORDINAIRE

ANNÉE B COULEUR LITURGIQUE : VERT

« Seigneur, donne-nous toujours de ce pain-là. » Jean 6, 34

Partir à la recherche de Jésus. Mille raisons peuvent motiver notre quête. Pas toujours les meilleures. Comme celle de ces personnes pistant le Christ pour être rassasiées de pain. Mais celui-ci les invite à voir large, loin, à scruter, au-delà des pains multipliés, le signe de la générosité divine. En ce dimanche, dressons le catalogue de nos quêtes, de nos désirs, et cherchons le Christ, pain véritable, pour grandir dans la foi et dans l'amour.

OUVERTURE DE LA CÉLÉBRATION

Chant d'entrée *(Suggestions p. 258)*
OU
Antienne d'ouverture
Viens me délivrer, Seigneur, Dieu, viens vite à mon secours :
tu es mon aide et mon libérateur, Seigneur, ne tarde pas. (Ps 69, 2. 6)

Suggestion de préparation pénitentielle *(ou p. 231)*
Jésus, le pain véritable, nous comble au-delà de nos espérances. Tournons-nous vers lui et reconnaissons que nous sommes pécheurs.

Seigneur Jésus, toi le pain de la vie, tu nourris d'espérance les cœurs contrits, béni sois-tu et prends pitié de nous.
— Béni sois-tu et prends pitié de nous.
Ô Christ, toi le pain des forts, tu rends courage à ceux qui se sentent faibles, béni sois-tu et prends pitié de nous.
— Béni sois-tu et prends pitié de nous.
Seigneur, toi le pain du ciel, tu ouvres les cœurs aux mystères du Royaume, béni sois-tu et prends pitié de nous.
— Béni sois-tu et prends pitié de nous.

Que Dieu tout-puissant nous fasse miséricorde ; qu'il nous pardonne nos péchés et nous conduise à la vie éternelle.
— Amen.

Gloire à Dieu *(p. 232)*

Prière
Assiste tes enfants, Seigneur, et montre à ceux qui t'implorent ton inépuisable bonté ; c'est leur fierté de t'avoir pour Créateur et Providence : restaure pour eux ta création, et l'ayant renouvelée, protège-la. Par Jésus Christ… ***— Amen.***

LITURGIE DE LA PAROLE

Lecture du livre de l'Exode (16, 2-4. 12-15)

« Du ciel, je vais faire pleuvoir du pain pour vous »

En ces jours-là, dans le désert, toute la communauté des fils d'Israël récriminait contre Moïse et son frère Aaron. Les fils d'Israël leur dirent : « Ah ! Il aurait mieux valu mourir de la main du Seigneur, au pays d'Égypte, quand nous étions assis près des marmites de viande, quand nous mangions du pain à satiété ! Vous nous avez fait sortir dans ce désert pour faire mourir de faim tout ce peuple assemblé ! »

Le Seigneur dit à Moïse : « Voici que, du ciel, je vais faire pleuvoir du pain pour vous. Le peuple sortira pour recueillir chaque jour sa ration quotidienne, et ainsi je vais le mettre à l'épreuve : je verrai s'il marchera, ou non, selon ma loi. J'ai entendu les récriminations des fils d'Israël. Tu leur diras : "Au coucher du soleil, vous mangerez de la viande et, le lendemain matin, vous aurez du pain à satiété. Alors vous saurez que moi, le Seigneur, je suis votre Dieu." »

Le soir même, surgit un vol de cailles qui recouvrirent le camp; et, le lendemain matin, il y avait une couche de rosée autour du camp. Lorsque la couche de rosée s'évapora, il y avait, à la surface du désert, une fine croûte, quelque chose de fin comme du givre, sur le sol. Quand ils virent cela, les fils d'Israël se dirent l'un à l'autre : « *Mann hou ?* » (ce qui veut dire : Qu'est-ce que c'est ?), car ils ne savaient pas ce que c'était. Moïse leur dit : « C'est le pain que le Seigneur vous donne à manger. »
– Parole du Seigneur.

Psaume 77 (78)

℟ *Le Seigneur donne le pain du ciel !*

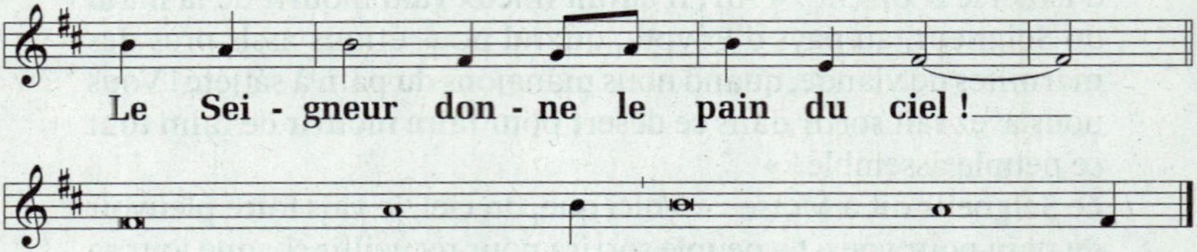

T. : AELF; M. : L. Groslambert; Éd. : ADF.

Nous avons entend<u>u</u> et nous savons
ce que nos pères nous <u>o</u>nt raconté ;
nous redirons à l'<u>â</u>ge qui vient
les titres de gl<u>o</u>ire du Seigneur. ℟

Retrouvez ce psaume sur le CD "Les psaumes de l'année B"

Il commande aux nuées là-haut,
il ouvre les écluses du ciel :
pour les nourrir il fait pleuvoir la manne,
il leur donne le froment du ciel. ℟

Chacun se nourrit du pain des Forts,
il les pourvoit de vivres à satiété.
Tel un berger, il conduit son peuple.
Il le fait entrer dans son domaine sacré. ℟

Lecture de la lettre de saint Paul apôtre aux Éphésiens (4, 17. 20-24)

« Revêtez-vous de l'homme nouveau, créé selon Dieu »

Frères, je vous le dis, j'en témoigne dans le Seigneur : vous ne devez plus vous conduire comme les païens qui se laissent guider par le néant de leur pensée. Mais vous, ce n'est pas ainsi que l'on vous a appris à connaître le Christ, si du moins l'annonce et l'enseignement que vous avez reçus à son sujet s'accordent à la vérité qui est en Jésus. Il s'agit de vous défaire de votre conduite d'autrefois, c'est-à-dire de l'homme ancien corrompu par les convoitises qui l'entraînent dans l'erreur. Laissez-vous renouveler par la transformation spirituelle de votre pensée. Revêtez-vous de l'homme nouveau, créé, selon Dieu, dans la justice et la sainteté conformes à la vérité.

– Parole du Seigneur.

Acclamation de l'Évangile

Alléluia. Alléluia. L'homme ne vit pas seulement de pain, mais de toute parole qui sort de la bouche de Dieu. ***Alléluia.***

U 76-99 ; M. : P. Robert.

Évangile de Jésus Christ selon saint Jean (6, 24-35)

« Celui qui vient à moi n'aura jamais faim,
celui qui croit en moi n'aura jamais soif »

En ce temps-là, quand la foule vit que Jésus n'était pas là, ni ses disciples, les gens montèrent dans les barques et se dirigèrent vers Capharnaüm à la recherche de Jésus. L'ayant trouvé sur l'autre rive, ils lui dirent : « Rabbi, quand es-tu arrivé ici ? » Jésus

leur répondit : « Amen, amen, je vous le dis : vous me cherchez, non parce que vous avez vu des signes, mais parce que vous avez mangé de ces pains et que vous avez été rassasiés. Travaillez non pas pour la nourriture qui se perd, mais pour la nourriture qui demeure jusque dans la vie éternelle, celle que vous donnera le Fils de l'homme, lui que Dieu, le Père, a marqué de son sceau. » Ils lui dirent alors : « Que devons-nous faire pour travailler aux œuvres de Dieu ? » Jésus leur répondit : « L'œuvre de Dieu, c'est que vous croyiez en celui qu'il a envoyé. » Ils lui dirent alors : « Quel signe vas-tu accomplir pour que nous puissions le voir, et te croire ? Quelle œuvre vas-tu faire ? Au désert, nos pères ont mangé la manne ; comme dit l'Écriture : *Il leur a donné à manger le pain venu du ciel.* » Jésus leur répondit : « Amen, amen, je vous le dis : ce n'est pas Moïse qui vous a donné le pain venu du ciel ; c'est mon Père qui vous donne le vrai pain venu du ciel. Car le pain de Dieu, c'est celui qui descend du ciel et qui donne la vie au monde. » Ils lui dirent alors : « Seigneur, donne-nous toujours de ce pain-là. » Jésus leur répondit : « Moi, je suis le pain de la vie. Celui qui vient à moi n'aura jamais faim ; celui qui croit en moi n'aura jamais soif. »

Homélie

Profession de foi *(p. 233)*

DIMANCHE 1ER AOÛT 2021

Suggestion de prière universelle

Le prêtre :

Confions à Jésus, pain de la vie, notre monde affamé de vie, d'espérance, d'avenir. Demandons-lui de rassasier tous les hommes de sa bonté.

℟ ***Seigneur, écoute-nous, Seigneur, exauce-nous !***

B 38 Chalet; T. : P.-M. Hoog; M. : d'après la liturgie slave.

Le diacre ou un lecteur :

Jésus, pain de la vie, souviens-toi de ton Église, qu'elle reçoive du Saint-Esprit la grâce et la force de se réformer à lumière de l'Évangile, avec le pape François, nous te prions. ℟

Jésus, pain de la sagesse, souviens-toi de nos dirigeants, qu'ils cherchent des chemins de justice et de respect pour ceux qu'ils gouvernent, ensemble, nous te prions. ℟

Jésus, pain de la tendresse, souviens-toi de ceux qui souffrent, qu'ils trouvent sur leur chemin des témoins de ta bonté qui leur tiennent la main, ensemble, nous te prions. ℟

Jésus, pain du partage, souviens-toi de notre communauté rassemblée, qu'elle accueille dans la joie les estivants venus se reposer en ce lieu, ensemble, nous te prions. ℟

(Ces intentions seront adaptées ou modifiées selon les circonstances.)

Le prêtre :

Seigneur Jésus, pain de la vie, daigne exaucer nos prières, toi qui règnes pour les siècles des siècles. **— *Amen.***

LITURGIE EUCHARISTIQUE

Prière sur les offrandes

Dans ta bonté, Seigneur, sanctifie ces dons ; accepte le sacrifice spirituel de cette eucharistie, et fais de nous-mêmes une éternelle offrande à ta gloire. Par Jésus… **— *Amen.***

Prière eucharistique *(Préface des dimanches, p. 237)*

Chant de communion *(Suggestions p. 258)*

OU

Antienne de la communion

Tu nous donnes, Seigneur, la vraie manne,
ce pain venu du ciel qui comble tous les désirs.
(Sg 16, 20)

OU

« Je suis le pain de la vie, dit le Seigneur,
celui qui vient à moi n'aura plus jamais faim,
celui qui croit en moi n'aura plus jamais soif. » (Jn 6, 35)

Prière après la communion
Seigneur, entoure d'une constante protection ceux que tu as renouvelés par le pain du ciel ; puisque tu ne cesses de les réconforter, rends-les dignes de l'éternel salut. Par Jésus… — ***Amen.***

CONCLUSION DE LA CÉLÉBRATION

Bénédiction

Envoi

COMMENTAIRE DU DIMANCHE

Père Benoît Gschwind, assomptionniste

À la table de sa parole

« Rabbi, quand es-tu arrivé ici ? » La foule se fait inquisitrice, et cela peut se comprendre. Ne trouvant ni Jésus, ni ses disciples, la foule qui suit Jésus le recherche. D'une rive à l'autre du lac, elle le cherche jusqu'à finir par le trouver. Sans doute ces hommes et ces femmes qui l'accompagnent ont-ils compris, au lendemain de la multiplication des pains, que Jésus pouvait les nourrir, remplir leur estomac. Si le pain rassasie au point de nous être parfois suffisant, le geste du partage, le goût du pain rompu, la fraternité, l'amitié, le pardon contribuent eux aussi à combler la faim d'un peuple en marche rassemblé à la même table.

Mais la foule qui suit Jésus n'a rien compris de cela. Elle semble insatiable et le signe de la multiplication des pains ne lui suffit pas. •••

••• Comme les fils d'Israël en marche vers la Terre promise, la foule de Galilée poursuivant Jésus risque elle aussi de passer à côté de ce Dieu qui comble la faim de son peuple au-delà de tout ce que l'on peut imaginer. À la foule, Jésus tente de faire comprendre que c'est d'un autre pain qu'elle doit avoir faim : celui qui vient de Dieu et qui nourrit pour la vie éternelle. C'est ce pain-là qu'il nous faut chercher, dont il nous faut être affamé. « Celui qui vient à moi n'aura plus jamais faim » dit Jésus, se présentant comme le pain du ciel. Laissons-nous nourrir de sa parole et de sa vie.

De quelle faim, de quelle soif Dieu peut-il me combler ?

Souvent la parole de Dieu m'interpelle. Parfois, elle me dérange… Et si elle était aussi cette nourriture dont je ne peux plus me passer parce qu'elle est la lampe de mes pas et qu'elle me mène à Dieu ? ■

Prions en Église Junior

LIRE L'ÉVANGILE AVEC LES ENFANTS

CE QUE JE DÉCOUVRE

Après la multiplication des pains,
Jésus nous propose une autre nourriture :
c'est lui-même, le pain de la vie.
Son amour nous rassasie et demeure jusque dans la vie éternelle.
Il est avec toi pour toujours,
il te suffit d'ouvrir ton cœur.
Quand tu reçois la communion à la messe,
Jésus se donne à toi.

CE QUE JE VIS

Quelles sont tes activités préférées ?
Qui t'aide à découvrir Jésus ?
Répète calmement :
« Jésus, tu es le pain de la vie.
Tu es la nourriture
pour la vie éternelle. »

Texte : Frédéric Pascal. Illustrations : Marcelino Truong

MÉDITATION BIBLIQUE

18E DIMANCHE DU TEMPS ORDINAIRE

Livre de l'Exode (16, 2-4. 12-15)

Reconnaître le don de Dieu

La manne est la réponse de Dieu aux cris des hommes. Elle s'accompagne pourtant de questionnements, car cette nourriture leur est inconnue.

Le temps de la préparation

« Jésus leur répondit : "Moi, je suis le pain de la vie. Celui qui vient à moi n'aura jamais faim." » (Jn 6, 35)

Le temps de l'observation

Le désert est un lieu où chaque parole prend un relief très particulier. C'est le cas des récriminations des Hébreux qui, au cœur de leur traversée vers la vie, se plaignent de leur situation. Ils râlent au sujet des repas qui ne sont plus les mêmes, de la satiété passée et du confort perdu. Ils en veulent à Moïse d'avoir espéré en une vie meilleure et d'être déçus. Dieu entend leur inconfort et leur regret et s'engage à y répondre. Il promet de faire pleuvoir du pain et de leur envoyer de la viande. Ce qu'il fait le soir même. Pourtant, en voyant tomber la nourriture du ciel, un pain qui se présente sous la forme d'une rosée, les fils d'Israël se posent des questions : « Mann hou ? Qu'est-ce que c'est ? » Ils ne reconnaissent pas immédiatement dans ce qui se présente à eux la réponse à leur question et à leur mal-être. Moïse joue alors un rôle d'interprète en expliquant que cette nourriture donnée par Dieu est le pain dont ils vont se nourrir.

Le temps de la méditation

Les Hébreux sont surpris par la forme de la réponse divine. Ce malentendu est compréhensible. Il y a un décalage entre les bons souvenirs de leur vie d'avant et cette nourriture inconnue qui tombe du ciel. La manne ne ressemble pas à du pain. Elle n'est pas entourée du sentiment de sécurité et de confort qui accompagnait les repas égyptiens. Cette réaction au pain envoyé par Dieu ne devrait pas nous surprendre. Il est souvent difficile de reconnaître la réponse de Dieu quand elle arrive. Pris par des souvenirs et des attentes précises, il est facile de passer à côté des possibilités nouvelles de vie qui se présentent, en ne les voyant pas ou ne les identifiant pas comme des dons de Dieu. Dans ces circonstances, chacun a besoin d'un Moïse, d'un interprète qui nous aide à lire ce qui est train de se jouer dans notre vie, qui nous sorte de la confusion.

Le temps de la prière

« Car le pain de Dieu,
c'est celui qui descend du ciel
et qui donne la vie au monde. »
(Jn 6, 33) ■

Marie-Laure Durand,
bibliste

DES IMAGES POUR LA FOI

18E DIMANCHE DU TEMPS ORDINAIRE

Récolte de la manne

Comme autrefois avec Moïse dans le désert, le Seigneur accompagne et nourrit son peuple pour le conduire vers la Terre promise.

Un épais nuage surplombe la scène et obscurcit le ciel. C'est la nuée dont les volutes ténébreuses accompagnent le peuple au désert. Elle est le signe de la présence mystérieuse du Seigneur qui se révèle et pour qui : « la ténèbre […] n'est pas ténèbre » (Ps 138 [139], 12). Par sa blancheur immaculée, la manne qui en descend souligne ce paradoxe. Les descendants d'Israël se pressent pour la récolter : certains accueillent avec reconnaissance ce don venu du ciel, d'autres se contentent de le récupérer avec avidité. Mais le tableau nous invite surtout à voir dans cet épisode une préfiguration du salut apporté par le Christ. Les morceaux de manne ressemblent étrangement à des hosties tandis que Moïse et son frère Aaron (à droite de l'image) sont représentés, comme des prêtres, en vêtement liturgiques. Au-delà des rochers, un paysage verdoyant figure la Terre promise mais l'arbre isolé au sommet d'une colline évoque la Croix. Au centre, la jeune femme et son nouveau-né nous font penser à la Vierge et l'enfant de Bethléem. Le Seigneur agit aujourd'hui pour son peuple comme il a agi hier et agira demain. ■

Dominique Pierre, journaliste

La récolte de la manne (vers 1470), Maître de la Manne, musée de la Chartreuse de Douai (59).

LUNDI 2 AOÛT 2021

18E SEMAINE DU TEMPS ORDINAIRE COULEUR LITURGIQUE : VERT

Temps ordinaire, *suggestion d'oraisons et d'antiennes n° 33*
ou **saint Pierre-Julien Eymard,** *voir p. 33*
ou **saint Eusèbe de Verceil**

Antienne d'ouverture

« Mes pensées, dit le Seigneur Dieu, sont des pensées de paix et non pas de malheur. Appelez-moi, je vous écouterai et, de partout, je vous rassemblerai. » (Jr 29, 11. 12. 14)

Prière

Accorde-nous, Seigneur, de trouver notre joie dans notre fidélité : car c'est un bonheur durable et profond de servir constamment le créateur de tout bien. Par Jésus Christ… ***— Amen.***

Lecture

du livre des Nombres (11, 4b-15)

« Je ne puis, à moi seul, porter tout ce peuple »

En ces jours-là, dans le désert, les fils d'Israël se remirent à pleurer : « Ah ! qui donc nous donnera de la viande à manger ? Nous nous rappelons encore le poisson que nous mangions pour rien en Égypte, et les concombres, les melons, les poireaux, les oignons et l'ail ! Maintenant notre gorge est desséchée ; nous ne voyons jamais rien que de la manne ! » La manne était comme des grains de coriandre, elle ressemblait à de l'ambre jaune. Le peuple se dispersait pour la recueillir ; puis on la broyait

sous la meule, ou on l'écrasait au pilon ; enfin on la cuisait dans la marmite et on en faisait des galettes. Elle avait le goût d'une friandise à l'huile. Lorsque, pendant la nuit, la rosée descendait sur le camp, la manne descendait sur elle.
Moïse entendit pleurer le peuple, groupé par clans, chacun à l'entrée de sa tente. Le Seigneur s'enflamma d'une grande colère. Cela déplut à Moïse, et il dit au Seigneur : « Pourquoi traiter si mal ton serviteur ? Pourquoi n'ai-je pas trouvé grâce à tes yeux que tu m'aies imposé le fardeau de tout ce peuple ? Est-ce moi qui ai conçu tout ce peuple, est-ce moi qui l'ai enfanté, pour que tu me dises : "Comme on porte un nourrisson, porte ce peuple dans tes bras jusqu'au pays que j'ai juré de donner à tes pères" ? Où puis-je trouver de la viande pour en donner à tout ce peuple, quand ils viennent pleurer près de moi en disant : "Donne-nous de la viande à manger" ? Je ne puis, à moi seul, porter tout ce peuple : c'est trop lourd pour moi. Si c'est ainsi que tu me traites, tue-moi donc* ; oui, tue-moi, si j'ai trouvé grâce à tes yeux. Que je ne voie pas mon malheur ! »
– Parole du Seigneur.

Psaume 80 (81)

℟ ***Criez de joie pour Dieu, notre force !***

« Mon peuple n'a pas écouté ma voix,
Israël n'a pas voulu de moi.
Je l'ai livré à son cœur endurci :
qu'il aille et suive ses vues ! ℟

« Ah ! Si mon peuple m'écoutait,
Israël, s'il allait sur mes chemins !
Aussitôt j'humilierais ses ennemis,
contre ses oppresseurs je tournerais ma main. ℟

« Mes adversaires s'abaisseraient devant lui ;
tel serait leur sort à jamais !
Je le nourrirais de la fleur du froment,
je le rassasierais avec le miel du rocher ! » ℟

Acclamation de l'Évangile

Alléluia. Alléluia. L'homme ne vit pas seulement de pain, mais de toute parole qui sort de la bouche de Dieu. ***Alléluia.***

Évangile de Jésus Christ

selon saint Matthieu (14, 13-21)

« Levant les yeux au ciel, il prononça la bénédiction ; il rompit les pains, il les donna aux disciples, et les disciples les donnèrent à la foule »

En ce temps-là, quand Jésus apprit la mort de Jean le Baptiste, il se retira et partit en barque pour un endroit désert, à l'écart. Les foules l'apprirent et, quittant leurs villes, elles suivirent à pied. En débarquant, il vit une grande foule de gens ; il fut saisi de compassion envers eux et guérit leurs malades.

Le soir venu, les disciples s'approchèrent et lui dirent : « L'endroit est désert et l'heure est déjà avancée. Renvoie donc la foule : qu'ils aillent dans les villages s'acheter de la nourriture ! » Mais Jésus leur dit : « Ils n'ont pas besoin de s'en aller. Donnez-leur vous-mêmes à manger. » Alors ils lui disent : « Nous n'avons là que cinq pains et deux poissons. » Jésus dit : « Apportez-les moi. » Puis, ordonnant à la foule de s'asseoir sur l'herbe, il prit les cinq pains et les deux poissons, et, levant les yeux au ciel, il prononça la bénédiction ; il rompit les pains, il les donna aux disciples, et les disciples les donnèrent à la foule.

Ils mangèrent tous et ils furent rassasiés. On ramassa les morceaux qui restaient : cela faisait douze paniers pleins. Ceux qui avaient mangé étaient environ cinq mille, sans compter les femmes et les enfants.

Prière sur les offrandes

Permets, Seigneur notre Dieu, que l'offrande placée sous ton regard nous obtienne la grâce de vivre pour toi et nous donne l'éternité bienheureuse. Par Jésus… – ***Amen.***

Antienne de la communion

Être proche de Dieu, mettre en lui mon espoir, c'est là tout mon bonheur. (Ps 72, 28)

OU

« Vraiment, dit le Seigneur, tout ce que vous demanderez dans la prière, croyez que vous l'avez déjà reçu, cela vous sera accordé. » (Mc 11, 23. 24)

Prière après la communion

Nous venons de communier, Seigneur, au don sacré du corps et du sang de ton Fils, et nous te prions humblement : que cette eucharistie offerte en mémoire de lui, comme il nous a dit de le faire, augmente en nous la charité. Par Jésus…

– ***Amen.***

INVITATION

Le Seigneur donne en abondance. Je prends le temps de le remercier pour la nourriture avant mon prochain repas.

COMMENTAIRE

Un temps pour tout

Nombres 11, 4b-15 ; Matthieu 14, 13-21

Souvent, le sentiment que nos efforts pour aider les autres sont stériles nous étreint et le découragement est tapi à notre porte. Celui à qui le Très-Haut a révélé son nom dans le buisson ardent récrimine. Preuve que Moïse est resté humain, comme nous ! Il y a un temps pour la plainte et Dieu écoute nos lamentations, puis vient le moment de faire taire nos murmures pour entendre Jésus dire à ses disciples : « Donnez-leur vous-mêmes à manger. » ■

Sœur Bénédicte de la Croix, cistercienne

❊ CLÉ DE LECTURE

« Tue-moi donc »

Nombres 11, 15 *(p. 29)*

On ne voit pas bien ce qui irrite Moïse, l'attitude du peuple ou la colère de Dieu ? Responsable jusqu'au bout de son peuple, Moïse se retourne contre Dieu : il se reconnaît incapable de transformer le cœur du peuple, de le rendre attentif à la liberté et au salut proposé, de le rendre reconnaissant envers le Dieu qui l'a libéré de l'esclavage et le conduit. La liberté se paie trop cher, mieux valait la servitude ! Moïse ne peut plus rien, mais il ne se démet pas, il demande à mourir. Au fond, il veut rester solidaire du peuple jusqu'au bout, mais ne veut pas participer à sa révolte. Impuissant à changer le peuple, impuissant à apaiser Dieu, Moïse préfère mourir. Mais Dieu ne veut pas la mort, il veut la vie de son prophète… et de son peuple ! ■

Roselyne Dupont-Roc, bibliste

Saint Pierre-Julien Eymard

Couleur liturgique : blanc

1811-1868. Fondateur, en 1856, de la Congrégation du Saint-Sacrement puis, en 1858, des Servantes du Saint-Sacrement. Il est vénéré comme l'apôtre de l'Eucharistie.

Antienne d'ouverture

Saint Pierre-Julien Eymard a reçu
la bénédiction du Seigneur :
il a trouvé grâce devant Dieu
son Sauveur : car il appartenait
à la race de ceux qui cherchent Dieu.
(Ps 23, 5-6)

Prière

Seigneur Dieu, tu as fait rayonner le bienheureux Pierre-Julien d'un amour admirable pour le saint sacrement du Corps et du Sang de ton Fils ; accorde-nous de savoir, nous aussi, goûter la richesse du festin auquel tu nous convies. Par Jésus Christ… — ***Amen.***

Prière sur les offrandes

Accepte, Seigneur, comme un hommage de tes serviteurs l'offrande que nous déposons sur ton autel en cette fête de saint Pierre-Julien Eymard ; permets qu'en nous détachant des biens de la terre, nous n'ayons d'autres richesses que toi. Par Jésus… — ***Amen.***

Antienne de la communion

Goûtez et voyez
comme est bon le Seigneur,
heureux qui trouve en lui son refuge.
(Ps 33, 9)

Prière après la communion

Par la puissance de cette communion, Seigneur, conduis-nous toujours dans la voie de ton amour, comme tu fis pour saint Pierre-Julien Eymard ; l'œuvre de salut que tu as entreprise en nous, poursuis-la jusqu'au jour du Christ. Lui qui… — ***Amen.***

MARDI 3 AOÛT 2021

18E SEMAINE DU TEMPS ORDINAIRE COULEUR LITURGIQUE : VERT

Temps ordinaire, *suggestion d'oraisons et d'antiennes n° 34*

Antienne d'ouverture

Le Seigneur annonce la paix pour son peuple et ses fidèles, et pour ceux qui reviennent vers lui. (Ps 84, 9)

Prière

Réveille, Seigneur, le courage de tes fidèles : qu'ils soient plus ardents à profiter de tes grâces, pour obtenir de toi de plus puissants secours. Par Jésus Christ…
— Amen.

Lecture

du livre des Nombres (12, 1-13)

« Pourquoi avez-vous osé critiquer mon serviteur Moïse ? C'est de vive voix que je lui parle »

En ces jours-là, parce que Moïse avait épousé une femme éthiopienne, sa sœur Miryam et son frère Aaron se mirent à le critiquer. Ils disaient : « Le Seigneur parle-t-il uniquement par Moïse ? Ne parle-t-il pas aussi par nous ? » Le Seigneur entendit. – Or, Moïse était très humble, l'homme le plus humble que la terre ait porté. Soudain, le Seigneur dit à Moïse, à Aaron et à Miryam : « Sortez tous les trois pour aller à la tente de la Rencontre. » Ils sortirent tous les trois. Le Seigneur

descendit dans la colonne de nuée et s'arrêta à l'entrée de la Tente. Il appela Aaron et Miryam ; tous deux s'avancèrent, et il leur dit : « Écoutez bien mes paroles : Quand il y a parmi vous un prophète du Seigneur, je me fais connaître à lui dans une vision, je lui parle dans un songe. Il n'en est pas ainsi pour mon serviteur Moïse, lui qui, dans toute ma maison, est digne de confiance : c'est de vive voix que je lui parle, dans une vision claire et non pas en énigmes ; ce qu'il regarde, c'est la forme même du Seigneur. Pourquoi avez-vous osé critiquer mon serviteur Moïse ? » La colère du Seigneur s'enflamma contre eux, puis il s'en alla. La nuée s'éloigna de la tente, et voici : Miryam était couverte d'une lèpre blanche comme de la neige. Aaron se tourna vers elle, et voici qu'elle était lépreuse. Il dit alors à Moïse : « Je t'en supplie, mon seigneur, ne fais pas retomber sur nous ce péché que nous avons eu la folie de commettre. Que Miryam ne soit pas comme l'enfant mort-né dont la chair est à demi rongée lorsqu'il sort du sein de sa mère ! » Moïse cria vers le Seigneur : « Dieu, je t'en prie, guéris-la ! »

– Parole du Seigneur.

Psaume 50 (51)

℟ ***Pitié, Seigneur, car nous avons péché !***

Pitié pour moi, mon Dieu, dans ton amour,
selon ta grande miséricorde, efface mon péché.
Lave-moi tout entier de ma faute,
purifie-moi de mon offense. ℟

Oui, je connais mon péché,
ma faute est toujours devant moi.
Contre toi, et toi seul, j'ai péché,
ce qui est mal à tes yeux, je l'ai fait. ℟

Crée en moi un cœur pur, ô mon Dieu,
renouvelle et raffermis
au fond de moi mon esprit.

Ne me chasse pas loin de ta face,
ne me reprends pas ton esprit saint. ℟

Acclamation de l'Évangile

Alléluia. Alléluia. Rabbi, c'est toi le Fils de Dieu ! C'est toi le roi d'Israël ! ***Alléluia.***

Évangile de Jésus Christ

selon saint Matthieu (14, 22-36)

« Seigneur, ordonne-moi de venir vers toi sur les eaux »

Jésus avait nourri la foule dans le désert. Aussitôt il obligea les disciples à monter dans la barque et à le précéder sur l'autre rive, pendant qu'il renverrait les foules. Quand il les eut renvoyées, il gravit la montagne, à l'écart, pour prier. Le soir venu, il était là, seul. La barque était déjà à une bonne distance de la terre, elle était battue par les vagues, car le vent était contraire.

Vers la fin de la nuit, Jésus vint vers eux en marchant sur la mer. En le voyant marcher sur la mer, les disciples furent bouleversés. Ils dirent : « C'est un fantôme. » Pris de peur, ils se mirent à crier. Mais aussitôt Jésus leur parla : « Confiance ! c'est moi ; n'ayez plus peur ! » Pierre prit alors la parole : « Seigneur, si c'est bien toi, ordonne-moi de venir vers toi sur les eaux. » Jésus lui dit : « Viens ! » Pierre descendit de la barque et marcha sur les eaux pour aller vers Jésus. Mais, voyant la force du vent, il eut peur et, comme il commençait à enfoncer, il cria : « Seigneur, sauve-moi ! » Aussitôt,

Jésus étendit la main, le saisit et lui dit : « Homme de peu de foi, pourquoi as-tu douté ? » Et quand ils furent montés dans la barque, le vent tomba. Alors ceux qui étaient dans la barque se prosternèrent devant lui, et ils lui dirent : « Vraiment, tu es le Fils de Dieu ! »

Après la traversée, ils abordèrent à Génésareth. Les gens de cet endroit reconnurent Jésus ; ils firent avertir toute la région, et on lui amena tous les malades. Ils le suppliaient de leur laisser seulement toucher la frange de son manteau, et tous ceux qui le faisaient furent sauvés.

Prière sur les offrandes

Tu nous as demandé, Seigneur, de te consacrer ces présents : accepte-les ; et pour qu'ils nous disposent à te plaire, fais-nous garder tes commandements. Par Jésus… — ***Amen.***

Antienne de la communion

Louez le Seigneur, tous les peuples.
Fort est son amour pour nous,
pour toujours sa vérité.
(Ps 116, 1-2)

OU

« Je suis avec vous tous les jours,
dit le Seigneur Jésus,
jusqu'à la fin des temps. »
(Mt 28, 20)

Prière après la communion

Nous t'en supplions, Dieu tout-puissant : ne permets pas que soient jamais séparés de toi ceux que tu fais communier à la joie du ciel. Par Jésus… — ***Amen.***

MARDI 3 AOÛT 2021

INVITATION

Et si j'essayais de repérer, ce mois-ci, trois motifs pour lesquels je vais rendre grâce ?

COMMENTAIRE

La vague du salut Matthieu 14, 22-36

Avec Pierre, nous marchons sur les eaux tumultueuses, appuyés sur le Christ. Notre foi est capable de déplacer les montagnes ! Et tout à coup, nous prenons conscience de la force du vent, des vagues prêtes à nous submerger… La confiance faiblit et la peur nous dévaste. Si Jésus ne nous tendait pas une main secourable, le flot des événements anxiogènes aurait tôt fait de nous engloutir. Le salut est bien une expérience de chaque instant ! ■

Sœur Bénédicte de la Croix, cistercienne

MERCREDI 4 AOÛT 2021

18E SEMAINE DU TEMPS ORDINAIRE COULEUR LITURGIQUE : BLANC

Saint Jean-Marie Vianney

1786-1859. Le Curé d'Ars mena une vie de prière et de pénitence qui ramena à Dieu une paroisse peu pratiquante. Sa réputation de confesseur attira à lui des milliers de pèlerins.

Antienne d'ouverture

Que la croix de notre Seigneur Jésus Christ soit ma seule fierté ; par elle, le monde est à jamais crucifié pour moi, et moi pour le monde. (Ga 6, 14)

Prière

Dieu de puissance et de bonté, tu as fait de saint Jean-Marie Vianney un prêtre admirable, passionnément dévoué à son ministère ; accorde-nous, par sa prière et à son exemple, d'avoir pour nos frères une charité qui les gagne au Christ, et d'obtenir avec eux l'éternelle gloire. Par Jésus Christ… ***— Amen.***

Lecture

du livre des Nombres (13, 1-2a. 25 – 14, 1. 26-29. 34-35)

Ils dédaignent une terre savoureuse

En ces jours-là, dans le désert de Parane, le Seigneur parla à Moïse. Il dit : « Envoie des hommes pour explorer le pays de Canaan que je donne aux fils d'Israël. » Au bout de quarante jours, ces envoyés revinrent, après avoir exploré le pays. Ils allèrent trouver Moïse, Aaron et toute la communauté des fils d'Israël, à Cadès, dans le désert de Parane. Ils firent leur rapport devant eux et devant toute la communauté, et ils leur montrèrent les fruits du pays. Ils firent ce récit à Moïse : « Nous sommes allés dans le

pays où tu nous as envoyés. Vraiment, il ruisselle de lait et de miel, et voici ses fruits. Cependant le peuple qui l'habite est puissant, ses villes sont fortifiées et très grandes. Nous y avons même vu des descendants d'Anaq. Les Amalécites habitent le pays du Néguev; les Hittites, les Jébuséens et les Amorites habitent la montagne; les Cananéens habitent le bord de la mer et les rives du Jourdain. » Caleb imposa silence au peuple qui faisait face à Moïse et il dit : « Allons-y ! Montons prendre possession de ce pays. Oui, nous nous en rendrons maîtres. » Mais les autres hommes de l'expédition répliquèrent : « Nous ne pouvons pas marcher contre ce peuple, car il est plus fort que nous. » Et, s'adressant aux fils d'Israël, ils se mirent à dénigrer le pays qu'ils avaient exploré : « Le pays que nous avons parcouru pour l'explorer est un pays qui dévore ceux qui veulent s'y installer. Tous les hommes que nous y avons vus sont de très haute taille. Nous y avons même vu des géants, des fils d'Anaq, des descendants de géants. À côté d'eux, nous avions l'air de sauterelles, et c'est bien ainsi qu'ils nous voyaient. » Alors toute la communauté éleva la voix, se mit à crier; et le peuple pleura cette nuit-là. Le Seigneur parla à Moïse et à son frère Aaron. Il dit : « Combien de temps aurai-je affaire à cette communauté mauvaise qui récrimine contre moi ? Les récriminations des fils d'Israël contre moi, je les ai entendues. Tu leur diras : Aussi vrai que je suis vivant – oracle du Seigneur –, je vous traiterai selon vos paroles mêmes qui sont arrivées jusqu'à mes oreilles. Vous tous qu'on a recensés, les hommes de vingt ans et plus, vous qui avez récriminé contre moi, vos cadavres resteront dans ce désert. Vous avez exploré le pays pendant quarante jours,

chaque jour vaudra une année : vous porterez donc le poids de vos fautes pendant quarante ans, et vous saurez ce qu'il en coûte d'encourir ma réprobation. Moi, le Seigneur, j'ai parlé. Oui, c'est ainsi que je traiterai cette communauté mauvaise liguée contre moi. Dans ce désert, tous finiront leur vie : là, ils mourront. »
– Parole du Seigneur.

Psaume 105 (106)

℟ ***Souviens-toi de nous, Seigneur, dans ta bienveillance pour ton peuple.***
OU ***Alléluia !***

Avec nos pères, nous av**o**ns péché,
nous avons faill**i** et renié.
En Égypte, nos pères ont
méconn**u** tes miracles,
oublié l'abond**a**nce de tes grâces. ℟

Ils s'empressent d'oubli**e**r ce qu'il a fait,
sans attendre de conn**a**ître ses desseins.
Ils se livrent à leur convoit**i**se dans le désert ;
là, ils mettent Di**eu** à l'épreuve. ℟

Ils oublient le Di**eu** qui les sauve,
qui a fait des prod**i**ges en Égypte,
des miracles au pa**y**s de Cham,
des actions terrifi**a**ntes sur la mer Rouge. ℟

Dieu a décid**é** de les détruire.
C'est alors que Mo**ï**se, son élu,
surgit sur la br**è**che, devant lui,
pour empêcher que sa fure**u**r
les extermine. ℟

Acclamation de l'Évangile

Alléluia. Alléluia. Un grand prophète s'est levé parmi nous, et Dieu a visité son peuple. ***Alléluia.***

Évangile de Jésus Christ

selon saint Matthieu (15, 21-28)

« Femme, grande est ta foi ! »

En ce temps-là, Jésus se retira dans la région de Tyr et de Sidon. Voici qu'une Cananéenne, venue de ces territoires, disait en criant : « Prends pitié de moi, Seigneur, fils de David ! Ma fille est tourmentée par un démon. » Mais il ne lui répondit pas un mot. Les disciples s'approchèrent pour lui demander : « Renvoie-la, car elle nous poursuit de ses cris ! » Jésus répondit : « Je n'ai été envoyé qu'aux brebis perdues de la maison d'Israël. » Mais elle vint se prosterner devant lui en disant : « Seigneur, viens à mon secours ! » Il répondit : « Il n'est pas bien de prendre le pain des enfants et de le jeter aux petits chiens. »
Elle reprit : « Oui, Seigneur ; mais justement, les petits chiens mangent les miettes qui tombent de la table de leurs maîtres. » Jésus répondit : « Femme, grande est ta foi, que tout se passe pour toi comme tu le veux ! » Et, à l'heure même, sa fille fut guérie.

Prière sur les offrandes

Que descende sur cette offrande sainte, Dieu éternel et tout-puissant, la plénitude invisible de l'Esprit : donne-nous, à la prière de saint Jean-Marie Vianney, d'approcher toujours de ce grand mystère avec un corps chaste et un cœur pur. Par Jésus… ***— Amen.***

Antienne de la communion
Je trouve la joie dans les souffrances
que je supporte pour vous,
car ce qu'il reste à souffrir
des épreuves du Christ,
je l'accomplis dans ma propre chair,
pour son corps qui est l'Église.
(Col 1, 24. 25)

Prière après la communion
Fortifiés par le pain du ciel, nous te supplions, Seigneur : grâce à cette nourriture, saint Jean-Marie endurait sans faiblir toutes les contradictions : puissions-nous, par ses mérites et comme lui, progresser de jour en jour et parvenir enfin jusqu'à toi. Par Jésus… ***— Amen.***

INVITATION

En cette fête du bon Curé d'Ars, je pourrais lui confier une prière pour les prêtres.

COMMENTAIRE

Tendresse parentale Matthieu 15, 21-28

Face à l'humilité d'une mère intercédant pour sa fille, Jésus touche du doigt la tendresse de son Père. Il connaît ce passage du prophète Isaïe où Dieu s'adresse à son peuple infidèle : « Une femme peut-elle oublier son nourrisson, ne plus avoir de tendresse pour le fils de ses entrailles ? Même si elle l'oubliait, moi, je ne t'oublierai pas » (Is 49, 15). Une païenne, parole vive du Tout-Miséricordieux capable d'orienter la trajectoire du Verbe ! ■

Sœur Bénédicte de la Croix, *cistercienne*

JEUDI 5 AOÛT 2021

18E SEMAINE DU TEMPS ORDINAIRE COULEUR LITURGIQUE : VERT

Temps ordinaire, *suggestion d'oraisons et d'antiennes n° 1*
ou **dédicace de la b asilique Sainte-Marie-Majeure,** *voir p. 49*

Antienne d'ouverture

Portons notre regard vers l'homme à qui le ciel est donné pour trône ; la foule des anges l'adore en chantant d'une seule voix : « Voici Celui dont le pouvoir subsiste pour les siècles. »

Prière

Aux appels de ton peuple en prière, réponds, Seigneur, en ta bonté : donne à chacun la claire vision de ce qu'il doit faire et la force de l'accomplir. Par Jésus Christ… — ***Amen.***

Lecture

du livre des Nombres (20, 1-13)

« L'eau jaillit en abondance »

En ces jours-là, le premier mois de l'année, toute la communauté des fils d'Israël arriva dans le désert de Cine. Le peuple s'établit à Cadès. C'est là que Miryam mourut et qu'elle fut enterrée. Comme il n'y avait pas d'eau pour la communauté, ils se rassemblèrent contre Moïse et Aaron. Le peuple chercha querelle à Moïse, en disant : « Ah ! si seulement nous avions expiré, quand nos frères ont expiré devant le Seigneur ! Pourquoi avoir amené l'assemblée du Seigneur dans ce désert où nous allons mourir,

nous et nos bêtes ? Pourquoi nous avoir fait monter d'Égypte, et nous avoir amenés dans ce lieu de malheur où l'on ne peut rien semer, où il n'y a ni figuiers, ni vignes, ni grenadiers, et même pas d'eau à boire ! » Moïse et Aaron quittèrent l'assemblée et se rendirent à l'entrée de la tente de la Rencontre. Ils tombèrent face contre terre, et la gloire du Seigneur leur apparut. Le Seigneur parla à Moïse. Il dit : « Prends ton bâton de chef et, avec ton frère Aaron, rassemble la communauté. Puis, sous leurs yeux, vous parlerez au rocher, et il donnera son eau. Pour eux tu feras jaillir l'eau du rocher, et tu feras boire la communauté et ses bêtes. » Comme il en avait reçu l'ordre, Moïse prit le bâton qui était placé devant le Seigneur. Moïse et Aaron réunirent l'assemblée en face du rocher, et Moïse leur dit : « Écoutez donc, rebelles. Est-ce que nous pouvons faire jaillir de l'eau pour vous de ce rocher ? » Moïse leva la main et, de son bâton, il frappa le rocher par deux fois : l'eau jaillit en abondance, et la communauté put boire et abreuver ses bêtes. Le Seigneur dit alors à Moïse et à son frère Aaron : « Puisque vous n'avez pas eu assez de foi pour manifester ma sainteté devant les fils d'Israël, vous ne ferez pas entrer cette assemblée dans le pays que je lui donne. » Ce sont les eaux de Mériba (c'est-à-dire : les eaux du Défi) où les fils d'Israël ont défié le Seigneur, et où le Seigneur a manifesté parmi eux sa sainteté. – Parole du Seigneur.

Psaume 94 (95)

℟ ***Aujourd'hui, ne fermez pas votre cœur, mais écoutez la voix du Seigneur.***

Venez, crions de joie pour le Seigneur,
acclamons notre Rocher, notre salut !
Allons jusqu'à lui en rendant grâce,
par nos hymnes de fête acclamons-le ! ℟

Entrez, inclinez-vous, prosternez-vous,
adorons le Seigneur qui nous a faits.
Oui, il est notre Dieu ;
nous sommes le peuple qu'il conduit,
le troupeau guidé par sa main. ℟

Aujourd'hui écouterez-vous sa parole ?
« Ne fermez pas votre cœur comme au désert,
comme au jour de tentation et de défi,
où vos pères m'ont tenté et provoqué,
et pourtant ils avaient vu mon exploit. » ℟

Acclamation de l'Évangile

Alléluia. Alléluia. Tu es Pierre, et sur cette pierre je bâtirai mon Église ; et la puissance de la Mort ne l'emportera pas sur elle. ***Alléluia.***

Évangile de Jésus Christ

selon saint Matthieu (16, 13-23)

« Tu es Pierre, et je te donnerai les clés du royaume des Cieux »

En ce temps-là, Jésus, arrivé dans la région de Césarée-de-Philippe, demandait à ses disciples : « Au dire des gens, qui est le Fils de l'homme ? » Ils répondirent : « Pour les uns, Jean le Baptiste ; pour d'autres, Élie ; pour d'autres encore, Jérémie ou l'un des prophètes. » Jésus leur demanda : « Et vous, que dites-vous ? Pour vous, qui suis-je ? »

Alors Simon-Pierre prit la parole et dit : « Tu es le Christ, le Fils du Dieu vivant ! » Prenant la parole à son tour, Jésus lui dit : « Heureux es-tu, Simon fils de Yonas : ce n'est pas la chair et le sang qui t'ont révélé cela, mais mon Père qui est aux cieux. Et moi, je te le déclare : Tu es Pierre, et sur cette pierre je bâtirai mon Église ; et la puissance de la Mort ne l'emportera pas sur elle. Je te donnerai les clés du royaume des Cieux : tout ce que tu auras lié sur la terre sera lié dans les cieux, et tout ce que tu auras délié sur la terre sera délié dans les cieux. » Alors, il ordonna aux disciples de ne dire à personne que c'était lui le Christ. À partir de ce moment, Jésus commença à montrer à ses disciples qu'il lui fallait partir pour Jérusalem, souffrir beaucoup de la part des anciens, des grands prêtres et des scribes, être tué, et le troisième jour ressusciter. Pierre, le prenant à part, se mit à lui faire de vifs reproches : « Dieu t'en garde, Seigneur ! cela ne t'arrivera pas. » Mais lui, se retournant, dit à Pierre : « Passe derrière moi, Satan ! Tu es pour moi une occasion de chute : tes pensées ne sont pas celles de Dieu, mais celles des hommes. »

Prière sur les offrandes

Daigne accepter, Seigneur, l'offrande de ton peuple : qu'elle contribue à le sanctifier, et lui obtienne ce qu'il demande avec confiance. Par Jésus… ***— Amen.***

JEUDI 5 AOÛT 2021

Antienne de la communion

De toi, Seigneur,
jaillit la vie, dans ta lumière,
nous voyons la lumière. (Ps 35, 10)
OU
« Je suis venu, dit le Seigneur,
pour que les hommes aient la vie et
qu'ils l'aient en abondance. » (Jn 10, 10)

Prière après la communion

Nous t'en supplions, Dieu tout-puissant : toi qui refais nos forces par tes sacrements, donne-nous aussi de pouvoir te servir par une vie qui te plaise. Par Jésus… ***— Amen.***

INVITATION

Y a-t-il un sanctuaire ou un lieu où je peux me rendre en pèlerinage au courant de ce mois d'août ?

COMMENTAIRE

Une mémoire majeure

Matthieu 16, 13-23

Ce jour nous célébrons la dédicace de la plus grande église romaine consacrée à la Vierge Marie, Sainte-Marie-Majeure. Durant nos vacances, nous aurons certainement la joie de franchir le seuil d'une cathédrale ou bien d'une minuscule chapelle perdue dans la campagne. En ces temps de crise, l'occasion nous est offerte de faire mémoire de la promesse de Jésus à Pierre concernant son Église : « La puissance de la Mort ne l'emportera pas sur elle. » ■

Sœur Bénédicte de la Croix, cistercienne

Dédicace de la basilique Sainte-Marie-Majeure **Couleur liturgique : blanc**

La liturgie rappelle aujourd'hui la consécration d'une des quatre grandes basiliques de Rome, dédiée à la Vierge Marie en 432. Le temple de pierre rappelle la construction spirituelle de l'Église, faite de pierres vivantes.

Antienne d'ouverture

Nous te saluons, Mère très sainte :
tu as mis au monde le Roi
qui gouverne le ciel et la terre
pour les siècles sans fin.

Prière

Seigneur, nous t'en prions, pardonne les péchés de tes serviteurs : puisque nos actions sont indignes de toi, que l'intercession de la Mère de ton Fils nous obtienne le salut. Par Jésus Christ… ***— Amen.***

Prière sur les offrandes

Dans son amour pour les hommes, que ton Fils unique vienne à notre secours, Seigneur : puisque sa naissance n'a pas altéré mais a consacré la virginité de sa mère, qu'il nous délivre aujourd'hui de nos péchés et te rende agréable cette offrande. Lui qui…

— Amen.

Préface de la Vierge Marie, p. 238.

Antienne de la communion

Heureuse la Vierge Marie, qui a porté dans son sein le Fils du Père éternel. (Lc 11, 27)

Prière après la communion

En communiant à la nourriture du ciel, nous implorons ta bonté, Seigneur : puisque nous avons la joie de faire mémoire de la Vierge Marie, rends-nous capables d'accueillir comme elle le mystère de notre rédemption. Par Jésus… ***— Amen.***

VENDREDI 6 AOÛT 2021

COULEUR LITURGIQUE : BLANC

La Transfiguration du Seigneur

La Transfiguration du Christ sur le mont Thabor est célébrée quarante jours avant la Croix glorieuse, pour « préparer le cœur de ses disciples à surmonter le scandale de la croix ».

Antienne d'ouverture

Au jour de la Transfiguration, l'Esprit Saint apparut dans la nuée lumineuse, et la voix du Père se fit entendre : « Celui-ci est mon Fils bien-aimé, en qui j'ai mis tout mon amour ; écoutez-le. » (cf. Mt 17, 5)

Gloire à Dieu *(p. 232)*

Prière

Seigneur, dans la transfiguration de ton Christ, tu as confirmé par le témoignage de Moïse et d'Élie la vérité des mystères de la foi, et tu as annoncé notre merveilleuse adoption ; accorde-nous d'écouter la voix de ton Fils bien-aimé, afin de pouvoir un jour partager avec lui son héritage. Lui qui… ***— Amen.***

Lectures propres à la fête de la Transfiguration du Seigneur.

Lecture

du livre du prophète Daniel (7, 9-10. 13-14)

« Son habit était blanc comme la neige »

La nuit, au cours d'une vision, moi, Daniel, je regardais : des trônes furent disposés, et un Vieillard prit place ; son habit était blanc comme la neige, et les cheveux de sa tête, comme de la laine immaculée ; son

trône était fait de flammes de feu, avec des roues de feu ardent. Un fleuve de feu coulait, qui jaillissait devant lui. Des milliers de milliers le servaient, des myriades de myriades se tenaient devant lui. Le tribunal prit place et l'on ouvrit des livres.
Je regardais, au cours des visions de la nuit, et je voyais venir, avec les nuées du ciel, comme un Fils d'homme ; il parvint jusqu'au Vieillard, et on le fit avancer devant lui. Et il lui fut donné domination, gloire et royauté ; tous les peuples, toutes les nations et les gens de toutes langues le servirent. Sa domination est une domination éternelle, qui ne passera pas, et sa royauté, une royauté qui ne sera pas détruite.
– Parole du Seigneur.

On peut aussi lire 2 Pierre 1, 16-19.

Psaume 96 (97)

℟ ***Le Seigneur est roi, le Très-Haut sur toute la terre !***

Le Seigneur est roi ! Exulte la terre !
Joie pour les îles sans nombre !
Ténèbre et nuée l'entourent,
justice et droit sont l'appui de son trône. ℟

Quand ses éclairs illuminèrent le monde,
la terre le vit et s'affola ;
les montagnes fondaient comme cire
devant le Seigneur,
devant le Maître de toute la terre. ℟

Les cieux ont proclamé sa justice,
et tous les peuples ont vu sa gloire.
Tu es, Seigneur, le Très-Haut sur toute la terre :
tu domines de haut tous les dieux. ℟

Acclamation de l'Évangile

Alléluia. Alléluia. Celui-ci est mon Fils bien-aimé, en qui je trouve ma joie : écoutez-le ! ***Alléluia.***

Évangile de Jésus Christ

selon saint Marc (9, 2-10)

« Celui-ci est mon Fils bien-aimé »

En ce temps-là, Jésus prit avec lui Pierre, Jacques et Jean, et les emmena, eux seuls, à l'écart sur une haute montagne. Et il fut transfiguré devant eux. Ses vêtements devinrent resplendissants, d'une blancheur telle que personne sur terre ne peut obtenir une blancheur pareille. Élie leur apparut avec Moïse, et tous deux s'entretenaient avec Jésus. Pierre alors prend la parole et dit à Jésus : « Rabbi, il est bon que nous soyons ici ! Dressons donc trois tentes : une pour toi, une pour Moïse, et une pour Élie. » De fait, Pierre ne savait que dire, tant leur frayeur était grande. Survint une nuée qui les couvrit de son ombre, et de la nuée une voix se fit entendre : « Celui-ci est mon Fils bien-aimé : écoutez-le ! » Soudain, regardant tout autour, ils ne virent plus que Jésus seul avec eux. Ils descendirent de la montagne, et Jésus leur ordonna de ne raconter à personne ce qu'ils avaient vu, avant que le Fils de l'homme soit ressuscité d'entre les morts. Et ils restèrent fermement attachés à cette parole, tout en se demandant entre eux ce que voulait dire : « ressusciter d'entre les morts ».

Prière sur les offrandes

Sanctifie nos offrandes, Seigneur, par le mystère de ton Fils transfiguré en gloire ; et, dans le rayonnement de sa lumière, purifie-nous de la lèpre du péché. Par Jésus… ***— Amen.***

Prière eucharistique

(Préface de la Transfiguration)

Vraiment, il est juste et bon de te rendre gloire, de t'offrir notre action de grâce, toujours et en tout lieu, à toi, Père très saint, Dieu éternel et tout-puissant, par le Christ notre Seigneur. Car il a montré sa gloire aux témoins qu'il avait choisis, le jour où son corps semblable au nôtre fut revêtu d'une grande lumière ; il préparait ainsi le cœur de ses disciples à surmonter le scandale de la croix, il laissait transparaître en sa chair la clarté dont resplendira le corps de son Église. C'est pourquoi, avec les anges dans le ciel, nous pouvons te bénir sur la terre et t'adorer en (disant) chantant :

Saint ! Saint ! Saint…

Antienne de la communion

Quand le Christ apparaîtra,
nous serons semblables à lui,
parce que nous le verrons
tel qu'il est.
(1 Jn 3, 2)

Prière après la communion

Transforme-nous, Seigneur, par cette nourriture venue de toi, qu'elle nous fasse ressembler davantage à celui dont tu as révélé la splendeur dans le mystère de la transfiguration. Lui qui… **— *Amen.***

INVITATION

En ce jour où l'on fête le 800e anniversaire du retour à Dieu de saint Dominique, je prie pour toute la famille dominicaine.

COMMENTAIRE

Illuminés Daniel (7, 9-10. 13-14) ; Marc 9, 2-10

Incandescence des textes liturgiques. Un « fleuve de feu » traverse la vision de Daniel et les vêtements de Jésus resplendissent de blancheur. Notre Dieu est lumière, une lumière dont nos contemporains cherchent le reflet sur le visage de ses enfants. Osons laisser rayonner la joie du Christ, devenir des « illuminés » selon la belle expression désignant les nouveaux baptisés dans l'Église primitive. En un mot, accueillons la Transfiguration. ■

Sœur Bénédicte de la Croix, cistercienne

SAMEDI 7 AOÛT 2021

18E SEMAINE DU TEMPS ORDINAIRE COULEUR LITURGIQUE : VERT

Temps ordinaire, *suggestion d'oraisons et d'antiennes n° 2* *ou* **saint Gaétan,** *voir p. 59* *ou* **bienheureuse Vierge Marie,** *voir p. 60* *ou* **saint Sixte II et ses compagnons**

Antienne d'ouverture

Que toute la terre se prosterne devant toi : Seigneur, qu'elle chante pour toi, qu'elle chante à la gloire de ton nom, Dieu très-haut. (Ps 65, 4)

Prière

Dieu éternel et tout-puissant, qui régis l'univers du ciel et de la terre : exauce, en ta bonté, les prières de ton peuple et fais à notre temps la grâce de la paix. Par Jésus Christ… — ***Amen.***

Lecture

du livre du Deutéronome (6, 4-13)

« Tu aimeras le Seigneur ton Dieu de tout ton cœur »

Moïse disait au peuple : « Écoute, Israël : le Seigneur notre Dieu est l'Unique. Tu aimeras le Seigneur ton Dieu de tout ton cœur, de toute ton âme et de toute ta force. Ces paroles que je te donne aujourd'hui resteront dans ton cœur. Tu les rediras à tes fils, tu les répéteras sans cesse, à la maison ou en voyage, que tu sois couché ou que tu sois levé ; tu les attacheras à ton poignet comme un signe, elles seront un bandeau sur ton front, tu les inscriras à l'entrée de ta maison et aux portes de ta ville. Quand le Seigneur ton Dieu te fera entrer dans le pays qu'il a juré à tes pères, Abraham,

Isaac et Jacob, de te donner; quand tu auras des villes grandes et belles que tu n'as pas bâties, des maisons pleines de richesses que tu n'y as pas entassées, des citernes que tu n'as pas creusées, des vignes et des oliveraies que tu n'as pas plantées; quand tu auras bien mangé et te seras rassasié : alors garde-toi d'oublier le Seigneur, lui qui t'a fait sortir d'Égypte, de la maison d'esclavage. Tu craindras le Seigneur ton Dieu, tu le serviras, c'est par son nom que tu prêteras serment. »
– Parole du Seigneur.

Psaume 17 (18)

℟ ***Je t'aime, Seigneur, ma force.***

Je t'aime, Seigneur, ma force :
Seigneur, mon roc, ma forteresse,
Dieu mon libérateur, le rocher qui m'abrite,
mon bouclier, mon fort,
mon arme de victoire ! ℟

Louange à Dieu !
Quand je fais appel au Seigneur,
je suis sauvé de tous mes ennemis. ℟

Vive le Seigneur ! Béni soit mon Rocher !
Qu'il triomphe, le Dieu de ma victoire !
Il donne à son roi de grandes victoires,
Il se montre fidèle à son messie. ℟

Acclamation de l'Évangile

Alléluia. Alléluia. Notre Sauveur, le Christ Jésus, a détruit la mort; il a fait resplendir la vie par l'Évangile. ***Alléluia.***

Évangile de Jésus Christ

selon saint Matthieu (17, 14-20)

« Si vous avez la foi, rien ne vous sera impossible »

En ce temps-là, un homme s'approcha de Jésus, et tombant à ses genoux, il dit : « Seigneur, prends pitié de mon fils. Il est épileptique et il souffre beaucoup. Souvent il tombe dans le feu et, souvent aussi, dans l'eau. Je l'ai amené à tes disciples, mais ils n'ont pas pu le guérir. » Prenant la parole, Jésus dit : « Génération incroyante et dévoyée, combien de temps devrai-je rester avec vous ? Combien de temps devrai-je vous supporter ? Amenez-le-moi. » Jésus menaça le démon, et il sortit de lui. À l'heure même, l'enfant fut guéri. Alors les disciples s'approchèrent de Jésus et lui dirent en particulier : « Pour quelle raison est-ce que nous, nous n'avons pas réussi à l'expulser ? » Jésus leur répond : « En raison de votre peu de foi. Amen, je vous le dis : si vous avez de la foi gros comme une graine de moutarde, vous direz à cette montagne : "Transporte-toi d'ici jusque là-bas", et elle se transportera ; rien ne vous sera impossible. »

Prière sur les offrandes

Seigneur, accorde-nous la grâce de vraiment participer à cette eucharistie ; car chaque fois qu'est célébré ce sacrifice en mémorial, c'est l'œuvre de notre Rédemption qui s'accomplit. Par Jésus… ***— Amen.***

SAMEDI 7 AOÛT 2021

Antienne de la communion
Pour moi, Seigneur, tu as dressé la table, et ma coupe me remplit de joie. (Ps 22, 5)
OU
Nous avons reconnu l'amour de notre Dieu ; nous le croyons : Dieu est amour. (1 Jn 4, 16)

Prière après la communion
Pénètre-nous, Seigneur, de ton esprit de charité, afin que soient unis par ton amour ceux que tu as nourris d'un même pain. Par Jésus…
— Amen.

INVITATION

Je peux prier le chapelet de Lourdes en le regardant en direct à 15 h 30 sur le site du sanctuaire ou sur RCF, avec une intention particulière pour les familles.

COMMENTAIRE

Une alliance de chair — Deutéronome 6, 4-13

Pour qualifier la manière d'aimer Dieu, « l'Enseigneur », Marcel Jousse proposait cette traduction libre des versets du Deutéronome lus en ce jour : « De tout ton cœur-mémoire, de toute ta gorge récitante et de tous tes muscles vivants. » Ces mots-images tentent d'exprimer la puissance de notre relation avec l'Unique. Une alliance de chair, une invitation à partager son haleine de vie pour que son souffle devienne nôtre. Un baiser. ■

Sœur Bénédicte de la Croix, *cistercienne*

Saint Gaétan

Couleur liturgique : blanc

1480-1547. Par l'ordre des clercs réguliers théatins qu'il fonda en 1524 avec son ami Jean-Pierre Caraffa, il contribua à la réforme des mœurs du clergé.

Antienne d'ouverture

« L'Esprit du Seigneur est sur moi,
dit Jésus, parce que le Seigneur
m'a consacré par l'onction.
Il m'a envoyé porter la Bonne
Nouvelle aux pauvres, apporter
aux opprimés la libération. » (Lc 4, 18)

Prière

Dieu qui inspiras au prêtre saint Gaétan de vivre à la manière des Apôtres, fais qu'à son exemple et par sa prière, nous mettions toujours en toi notre confiance, et cherchions sans relâche ton Royaume. Par Jésus Christ… ***– Amen.***

Prière sur les offrandes

Regarde, Seigneur, les offrandes déposées sur ton autel en l'honneur de saint Gaétan ; et comme par ces mystères bienheureux tu lui as donné la gloire du ciel, accorde-nous l'abondance de ton pardon. Par Jésus… ***– Amen.***

Antienne de la communion

« Heureux le serviteur que le Maître,
à son retour, trouvera au travail.
Vraiment, dit le Seigneur,
il lui confiera tous ses biens. »

Prière après la communion

Que cette communion à tes mystères, Seigneur, nous achemine vers les joies éternelles que saint Gaétan put obtenir en te servant fidèlement. Par Jésus… ***– Amen.***

SAMEDI 7 AOÛT 2021

Bienheureuse Vierge Marie

Couleur liturgique : blanc ou vert

Les samedis du temps ordinaire où il n'y a pas de mémoire obligatoire, on peut faire mémoire de la Vierge Marie, selon une tradition qui honore la foi et l'espérance sans défaut de Marie le Samedi saint.

Antienne d'ouverture

Bienheureuse es-tu, Vierge Marie :
tu as porté le Créateur de l'univers,
tu as mis au monde celui qui t'a faite,
et tu demeures toujours vierge.

Prière

Dieu plein de bonté, viens au secours de notre faiblesse : puisque nous faisons mémoire de la Vierge Marie, que son intercession nous aide à nous relever de nos fautes. Par Jésus Christ…

— Amen.

OU

Que vienne à notre aide, Seigneur, la prière maternelle de la bienheureuse Vierge Marie : qu'elle nous obtienne la joie de vivre dans ta paix, délivrés de tous les périls. Par Jésus Christ…

— Amen.

Prière sur les offrandes

En rendant hommage à la Mère de ton Fils, Seigneur, nous te supplions : que le sacrifice de cette eucharistie fasse de nous, dans ta bonté, une éternelle offrande à ta gloire. Par Jésus… ***— Amen.***

Préface de la Vierge Marie, p. 238.

Antienne de la communion

« Le Puissant fit pour moi des merveilles ; Saint est son nom. » (Lc 1, 49)

Prière après la communion

Après avoir participé au sacrement qui nous libère, nous te prions, Seigneur : puisque nous célébrons la Mère de ton Fils, fais que nous soyons comblés de ta grâce et que nous éprouvions toujours davantage les effets de la Rédemption. Par Jésus… ***— Amen***

DIMANCHE 8 AOÛT 2021

19E DIMANCHE DU TEMPS ORDINAIRE

ANNÉE B COULEUR LITURGIQUE : VERT

« Moi, je suis le pain vivant, qui est descendu du ciel. »
Jean 6, 51

Se laisser attirer par Dieu. Recevoir ses enseignements, ses paroles de vie. Goûter à la promesse du Père d'une vie donnée, en abondance, dès aujourd'hui et pour l'éternité. Accueillir son Fils, le pain de la vie, croire en lui de toutes nos forces, lui faire une totale confiance. En ce dimanche, laissons-nous entraîner dans la spirale de l'amour divin et demandons une foi toujours plus ardente.

OUVERTURE DE LA CÉLÉBRATION

Chant d'entrée *(Suggestions p. 258)*

OU

Antienne d'ouverture

Souviens-toi, Seigneur, de ton alliance, n'oublie pas plus longtemps les pauvres de ton peuple : lève-toi, Seigneur, défends ta cause, n'oublie pas le cri de ceux qui te cherchent. (Ps 73, 20. 19. 22. 23)

Suggestion de préparation pénitentielle *(ou p. 231)*

Au début de cette célébration, tournons-nous vers le Seigneur et demandons pardon pour nos refus d'aimer.

Seigneur Jésus, pain de la paix, tu entends les angoisses de ceux qui t'implorent, Kyrie eleison.

— Kyrie eleison.

Ô Christ, pain de la sagesse, tu prends par la main ceux qui te cherchent de tout leur cœur, Christe eleison.

— Christe eleison.

Seigneur, pain de la joie, tu fais resplendir ceux qui regardent vers toi, Kyrie eleison.

— Kyrie eleison.

Que Dieu tout-puissant nous fasse miséricorde ; qu'il nous pardonne nos péchés et nous conduise à la vie éternelle.

— Amen.

Gloire à Dieu (p. 232)

Prière
Dieu éternel et tout-puissant, toi que nous pouvons déjà appeler notre Père, fais grandir en nos cœurs l'esprit filial, afin que nous soyons capables d'entrer un jour dans l'héritage qui nous est promis. Par Jésus Christ… ***— Amen.***

LITURGIE DE LA PAROLE

Lecture du premier livre des Rois (19, 4-8)

« Fortifié par cette nourriture, il marcha jusqu'à la montagne de Dieu »

En ces jours-là, le prophète Élie, fuyant l'hostilité de la reine Jézabel, marcha toute une journée dans le désert. Il vint s'asseoir à l'ombre d'un buisson, et demanda la mort en disant : « Maintenant, Seigneur, c'en est trop ! Reprends ma vie : je ne vaux pas mieux que mes pères. » Puis il s'étendit sous le buisson, et s'endormit. Mais voici qu'un ange le toucha et lui dit : « Lève-toi, et mange ! » Il regarda, et il y avait près de sa tête une galette cuite sur des pierres brûlantes et une cruche d'eau. Il mangea, il but, et se rendormit. Une seconde fois, l'ange du Seigneur le toucha et lui dit : « Lève-toi, et mange, car il est long, le chemin qui te reste. » Élie se leva, mangea et but. Puis, fortifié par cette nourriture, il marcha quarante jours et quarante nuits jusqu'à l'Horeb, la montagne de Dieu. – Parole du Seigneur.

Psaume 33 (34)

R/ ***Goûtez et voyez comme est bon le Seigneur !***

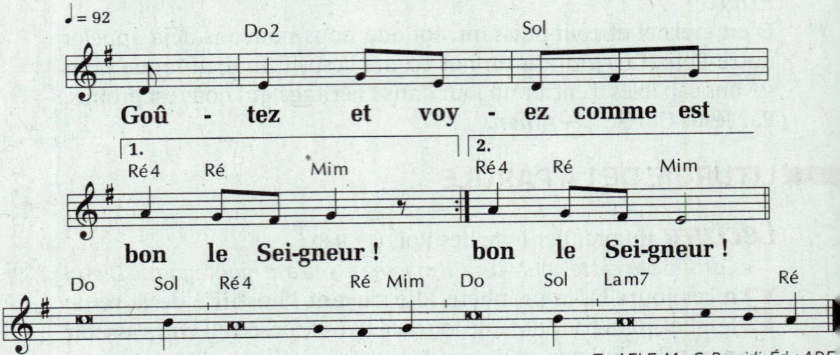

T. : AELF; M. : G. Previdi; Éd. : ADF

Je bénirai le Seigneur en tout temps,
sa louange sans cesse à mes lèvres.
Je me glorifierai dans le Seigneur :
que les pauvres m'entendent et soient en fête ! R/

Magnifiez avec moi le Seigneur,
exaltons tous ensemble son nom.
Je cherche le Seigneur, il me répond :
de toutes mes frayeurs, il me délivre. R/

Retrouvez ce psaume sur le CD "Les psaumes de l'année B"

Qui regarde vers lui resplendira,
sans ombre ni trouble au visage.
Un pauvre crie ; le Seigneur entend :
il le sauve de toutes ses angoisses. ℟

L'ange du Seigneur campe alentour
pour libérer ceux qui le craignent.
Goûtez et voyez : le Seigneur est bon !
Heureux qui trouve en lui son refuge ! ℟

Lecture de la lettre de saint Paul apôtre aux Éphésiens (4, 30 – 5, 2)

« Vivez dans l'amour, comme le Christ »

Frères, n'attristez pas le Saint-Esprit de Dieu, qui vous a marqués de son sceau en vue du jour de votre délivrance. Amertume, irritation, colère, éclats de voix ou insultes, tout cela doit être éliminé de votre vie, ainsi que toute espèce de méchanceté. Soyez entre vous pleins de générosité et de tendresse. Pardonnez-vous les uns aux autres, comme Dieu vous a pardonné dans le Christ. Oui, cherchez à imiter Dieu, puisque vous êtes ses enfants bien-aimés. Vivez dans l'amour, comme le Christ nous a aimés et s'est livré lui-même pour nous, s'offrant en sacrifice à Dieu, comme un parfum d'agréable odeur.

– Parole du Seigneur.

Acclamation de l'Évangile

Alléluia. Alléluia. Moi, je suis le pain vivant, qui est descendu du ciel, dit le Seigneur; si quelqu'un mange de ce pain, il vivra éternellement. ***Alléluia.***

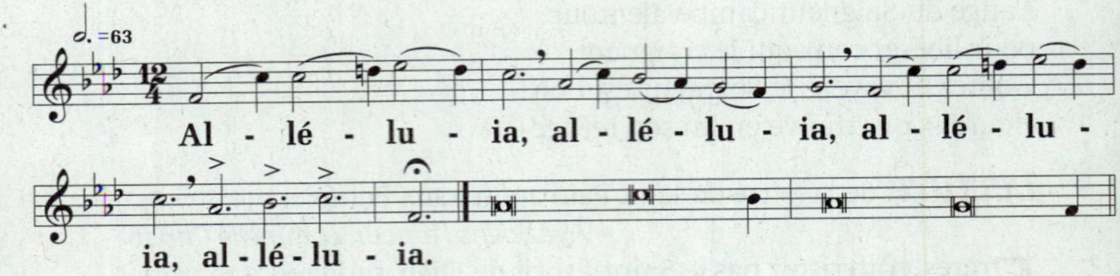

U27-30; P. Zech; M. : J.-P. Lécot.

Évangile de Jésus Christ selon saint Jean (6, 41-51)

« Moi, je suis le pain vivant, qui est descendu du ciel »

En ce temps-là, les Juifs récriminaient contre Jésus parce qu'il avait déclaré : « Moi, je suis le pain qui est descendu du ciel. » Ils disaient : « Celui-là n'est-il pas Jésus, fils de Joseph ? Nous connaissons bien son père et sa mère. Alors comment peut-il dire maintenant : "Je suis descendu du ciel" ? » Jésus reprit la parole : « Ne récriminez pas entre vous. Personne ne peut venir à moi, si le Père qui m'a envoyé ne l'attire, et moi, je le ressusciterai au dernier jour. Il est écrit dans les prophètes : Ils seront tous instruits par Dieu

lui-même. Quiconque a entendu le Père et reçu son enseignement vient à moi. Certes, personne n'a jamais vu le Père, sinon celui qui vient de Dieu : celui-là seul a vu le Père. Amen, amen, je vous le dis : il a la vie éternelle, celui qui croit. Moi, je suis le pain de la vie. Au désert, vos pères ont mangé la manne, et ils sont morts ; mais le pain qui descend du ciel est tel que celui qui en mange ne mourra pas. Moi, je suis le pain vivant, qui est descendu du ciel : si quelqu'un mange de ce pain, il vivra éternellement. Le pain que je donnerai, c'est ma chair, donnée pour la vie du monde. »

Homélie

Profession de foi (p. 233)

Suggestion de prière universelle

Le prêtre :

Le Père attire à lui tous les hommes. Prions-le pour tous les habitants de la terre, notamment les plus éprouvés par la vie.

℟ ***Écoute-nous, Seigneur, et viens sauver ton peuple !***

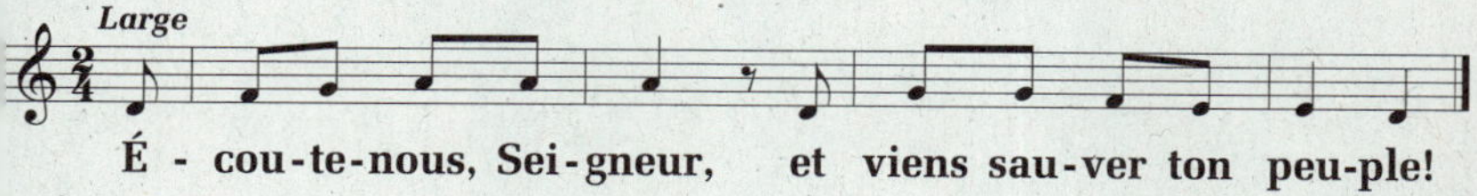

MNA n° 31.34

Le diacre ou un lecteur :

Père de douceur, nous te prions pour ton Église, appelée à recevoir du Saint-Esprit la grâce de se réformer à la lumière de ta Parole, avec le pape François, nous te prions. ℟

Père de Sagesse, nous te prions pour nos chefs d'État, appelés à se laisser inspirer par l'esprit de la Bonne Nouvelle, avec foi, nous te prions. ℟

Père de tendresse, nous te prions pour ceux qui souffrent, pour les victimes sociales et économiques de la crise sanitaire, avec espérance, nous te prions. ℟

Père des promesses, nous te prions pour notre communauté rassemblée, pour ceux qui se marient en ces mois d'été, avec joie, nous te prions. ℟

(Ces intentions seront adaptées ou modifiées selon les circonstances.)

Le prêtre :

Dieu notre Père, toi qui veilles sur tous les habitants de la terre, écoute nos prières et daigne les exaucer. Par Jésus le Christ, notre Seigneur. ***— Amen.***

LITURGIE EUCHARISTIQUE

Prière sur les offrandes

Seigneur, tu as donné ces présents à ton Église pour qu'elle puisse te les offrir; daigne les accueillir favorablement : qu'ils deviennent, par ta puissance, le sacrement de notre salut. Par Jésus… ***— Amen.***

Prière eucharistique *(Préface des dimanches, p. 237)*

Chant de communion *(Suggestions p. 258)*

OU

Antienne de la communion

Glorifie le Seigneur, Jérusalem :
il te nourrit de la fleur du froment. (Ps 147, 12. 14)

OU

« Le pain que je donnerai, dit le Seigneur,
c'est ma chair, pour la vie du monde. » (Jn 6, 51)

Prière après la communion

Que cette communion à ton sacrement, Seigneur, soit notre délivrance et nous enracine dans ta vérité. Par Jésus… ***— Amen.***

CONCLUSION DE LA CÉLÉBRATION

Bénédiction et envoi

COMMENTAIRE DU DIMANCHE

Père Luc Forestier, oratorien, enseignant en théologie
à l'Institut catholique de Paris

Une force authentique

Sommes-nous plus fatigués qu'avant ? Plusieurs parmi nous, à des âges différents, se plaignent d'une profonde lassitude, même au réveil. D'aucuns y voient l'effet des contraintes de la vie moderne et le rythme trépidant de nos existences. D'autres, comme Élie, se sentent perdus dans un désert de solitude, privé de significations et de relations. D'autres encore se morfondent en récriminations, comme en témoignent les questions des personnes autour de Jésus, qui s'estiment lésées par les positions qu'il adopte. Face à la fatigue d'être soi, dans nos sociétés encombrées de potentialités et épuisantes de sollicitations, il n'est pas étonnant que des marchands d'illusion fassent fortune avec des recettes frelatées d'un mieux-être autocentré.

L'eucharistie, en revanche, apparaît aujourd'hui comme une force authentique. De même qu'Élie a pu continuer son chemin malgré la fatigue, le pain que nous recevons chaque dimanche – une Parole de vie et un corps livré par amour – nous donne l'énergie du Saint-Esprit. Mais, contre nos rêves de toute-puissance, cette énergie n'a rien de magique ou d'immédiat. La communion eucharistique ne démultiplie pas les facultés humaines mais nous permet, au contraire, d'habiter pleinement notre condition d'hommes et de femmes destinés à aimer. Les dons du Saint-Esprit n'assignent pas la puissance divine à nos chimères mais permettent, au contraire, à nos désirs d'être purifiés afin d'entrer dans l'offrande du Christ au Père.

À la messe, ai-je faim ou suis-je fatigué ?

Quelle personne de mon entourage puis-je confier au moment de communier ? ■

LIRE L'ÉVANGILE AVEC LES ENFANTS

CE QUE JE DÉCOUVRE

Jésus ne parle pas en son nom propre, il parle au nom de Dieu le Père.

Les paroles du Christ nous aident à nous rapprocher de Dieu. Elles sont comme des petits cailloux laissés sur un chemin pour indiquer la direction. Elles nous montrent la route vers le Père, vers son amour, vers la vie, vers le bonheur.

CE QUE JE VIS

As-tu déjà été un messager pour un ami, pour ta famille ? À quelle occasion ?
Quelle personne admires-tu (sans l'avoir rencontrée) parce qu'on t'en a parlé ?

Dessine la Terre et écris au milieu : « Le pain que je donnerai, c'est ma chair, donnée pour la vie du monde. »

Texte : Frédéric Pascal. Illustrations : Marcelino Truong

MÉDITATION BIBLIQUE

19E DIMANCHE DU TEMPS ORDINAIRE

Premier livre des Rois 19, 4-8

Un prophète en crise

Élie fait partie de ces personnages bibliques dont nous pouvons suivre, au moins en partie, le cheminement intérieur en temps de crise. En ce sens, il nous rejoint et nous parle, il nous rappelle qu'il peut y avoir une issue car Dieu se plaît à ouvrir devant nous un passage (cf. Ps 31 [32]).

Le temps de la préparation

« Je cherche le Seigneur, il me répond : de toutes mes frayeurs, il me délivre. » Ps 33 (34), 5

Le temps de l'observation

Le prophète Élie est connu pour son zèle et… sa violence. Ici, il se signale par deux fuites. La première, pour échapper aux mesures de rétorsion de la reine Jézabel dont il a condamné l'idolâtrie (culte de Baal) et fait mettre à mort les prophètes. Une fuite qui prend la forme d'un retour aux sources puisqu'Élie se dirige vers la « montagne de Dieu », l'Horeb, lieu de la révélation à Moïse (cf. Ex 4). La seconde s'accomplit dans le sommeil, après son effondrement mis en lien avec la reconnaissance de son propre péché et de sa faiblesse. Tant qu'il accusait autrui, •••

…y compris ceux qui l'avaient précédé, de ne pas s'être montré à la hauteur de l'Alliance, il était mû par la colère. Quand il revient à lui-même, sa violence se retourne contre lui, d'où son désir de mort. Et c'est là, dans cette vérité, qu'il est rejoint par un ange qui lui fournit la nourriture nécessaire pour poursuivre sa quête. Car Dieu est un Dieu « ami de la vie ».

Le temps de la méditation

« Tu ne repousses pas, ô mon Dieu, un cœur brisé et broyé » (Ps 50 [51], 19). Dieu, par l'intermédiaire de son messager, vient remettre Élie en marche, jusqu'à l'investir d'une nouvelle mission qui ne sera pas de détruire mais de donner à Israël un roi pour lui permettre de se reconstruire. Et cela, non sans l'avoir fait sortir de cette fausse croyance d'être le seul à être resté fidèle au Seigneur (1 R 19) et lui avoir fait entrevoir que le Dieu qu'il sert n'est pas seulement un Dieu de justice mais plus encore un Dieu de compassion. Cette compassion qui se manifeste également dans nos vies par le biais de la Parole qui relève, guérit et console ; le don de l'eucharistie qui nous transforme en celui que nous recevons ; la présence du prochain qui sait écouter et tendre la main au bon moment. Alors demandons à Dieu de pouvoir lâcher notre colère et nos justifications pour nous ouvrir à ses interventions salvatrices.

Le temps de la prière

« Goûtez et voyez : le Seigneur est bon ! Heureux qui trouve en lui son refuge ! » Ps 33 (34), 9 ■

Sœur Emmanuelle Billoteau,
ermite

PARTAGE BIBLIQUE

Environ 45 minutes

Une Bible ou Prions en Église, *page 63*

VIVEZ DANS L'AMOUR DU CHRIST (EP 4, 30 – 5, 2)

Lire

Nous méditons ce très beau passage de la lettre que Paul adresse aux habitants de la grande ville d'Éphèse. On peut prolonger la lecture jusqu'au verset 8 du chapitre 5.

Comprendre le texte

Dans la partie exhortative de sa lettre, Paul engage ses correspondants à mener une vie chrétienne qui se dissocie de la conduite des païens. Il vise en particulier la conduite dans la vie communautaire : « Soyez entre vous pleins de générosité et de tendresse. Pardonnez-vous les uns aux autres. » À la suite de l'invitation à pardonner, il les engage à imiter Dieu et pour cela à aimer, puisqu'ils se savent enfants chéris de Dieu et qu'ils savent que le Christ les a aimés et s'est livré pour eux.

L'auteur énumère ensuite six vices à éviter, qui ont trait à la conduite déréglée et au langage inconvenant. Ces listes de vices sont courantes dans la correspondance •••

PARTAGE BIBLIQUE (SUITE) VIVEZ DANS L'AMOUR DU CHRIST

de Paul. La brièveté de la liste montre que l'auteur ne reproche pas à la communauté de les pratiquer, mais la met seulement en garde. En réclamant de ne pas s'associer à ces pratiques : « N'ayez donc rien de commun avec ces gens-là », l'auteur ne demande pas de couper tout lien avec le monde mais d'y être lumière. Ils sont « enfants de lumière » dans le Seigneur, c'est-à-dire en Église, comme cette expression (« dans le Seigneur ») le signifie toujours chez Paul. Leur témoignage est collectif : « Vous êtes lumière. »

Partager

- Quels défis dois-je relever pour vivre comme le Christ le commande ?
- Que dois-je changer dans ma conduite pour imiter Dieu ?
- Quelles réflexions l'inconduite, voire les scandales des chrétiens suscitent-ils en moi ?
- Si je suis parent ou grand-parent, ai-je le souci de rendre sensibles mes enfants ou mes petits-enfants à vivre dans l'amour comme le Christ ?

Prier

On peut chanter, écouter ou méditer les paroles du chant *Vivre comme le Christ.* ■

Père Sylvain Gasser, assomptionniste

LUNDI 9 AOÛT 2021

COULEUR LITURGIQUE : ROUGE

Sainte Thérèse-Bénédicte de la Croix (Edith Stein)

1891-1942. Née dans une famille juive, Edith Stein découvrit la foi chrétienne et entra au Carmel à 42 ans. Arrêtée par les nazis, elle mourut à Auschwitz. Copatronne de l'Europe.

8 - 14

Antienne d'ouverture

Que la croix de notre Seigneur Jésus Christ soit ma seule fierté.
Par elle, le monde est crucifié pour moi, et moi pour le monde. (Ga 6, 14)

Gloire à Dieu (p. 232)

Prière

Dieu de nos pères, tu as conduit la bienheureuse martyre Thérèse-Bénédicte à connaître ton Fils crucifié et à l'imiter jusque dans la mort ; par son intercession, accorde à tous de reconnaître dans le Christ leur Sauveur et, grâce à lui, de parvenir à te contempler pour l'éternité. Lui qui règne… ***— Amen.***

Lectures propres à la fête de sainte Thérèse-Bénédicte de la Croix.

Lecture

du livre du prophète Osée (2, 16b. 17b. 21-22)

« Je ferai de toi mon épouse pour toujours »

Ainsi parle le Seigneur : Mon épouse infidèle, je vais l'entraîner jusqu'au désert, et je lui parlerai cœur à cœur. Là, elle me répondra comme au temps de sa jeunesse, au jour où elle est sortie du pays d'Égypte. Je ferai

de toi mon épouse pour toujours, je ferai de toi mon épouse dans la justice et le droit, dans la fidélité et la tendresse ; je ferai de toi mon épouse dans la loyauté, et tu connaîtras le Seigneur. – Parole du Seigneur.

Psaume 44 (45)

℟ ***Écoute, ma fille, regarde et tends l'oreille.***

Écoute, ma fille, regarde et tends l'oreille ;
oublie ton peuple et la maison de ton père :
le roi sera séduit par ta beauté.
Il est ton Seigneur : prosterne-toi devant lui. ℟

Fille de roi, elle est là, dans sa gloire,
vêtue d'étoffes d'or ;
on la conduit, toute parée, vers le roi.
Des jeunes filles, ses compagnes,
lui font cortège. ℟

On les conduit parmi les chants de fête :
elles entrent au palais du roi.
À la place de tes pères se lèveront tes fils ;
sur toute la terre
tu feras d'eux des princes. ℟

Acclamation de l'Évangile

Alléluia, alléluia. Viens, épouse du Christ, reçois la couronne, que le Seigneur t'a préparée pour l'éternité. ***Alléluia.***

Évangile de Jésus Christ

selon saint Matthieu (25, 1-13)

« Voici l'époux ! Sortez à sa rencontre »

En ce temps-là, Jésus disait à ses disciples cette parabole : « Le royaume des Cieux sera comparable à dix jeunes filles invitées à des noces, qui prirent leur lampe pour sortir à la rencontre de l'époux. Cinq d'entre elles étaient insouciantes, et cinq étaient prévoyantes : les insouciantes avaient pris leur lampe sans emporter d'huile, tandis que les prévoyantes avaient pris, avec leurs lampes, des flacons d'huile. Comme l'époux tardait, elles s'assoupirent toutes et s'endormirent.

« Au milieu de la nuit, il y eut un cri : "Voici l'époux ! Sortez à sa rencontre." Alors toutes ces jeunes filles se réveillèrent et se mirent à préparer leur lampe. Les insouciantes demandèrent aux prévoyantes : "Donnez-nous de votre huile, car nos lampes s'éteignent." Les prévoyantes leur répondirent : "Jamais cela ne suffira pour nous et pour vous, allez plutôt chez les marchands vous en acheter." Pendant qu'elles allaient en acheter, l'époux arriva. Celles qui étaient prêtes entrèrent avec lui dans la salle des noces, et la porte fut fermée. Plus tard, les autres jeunes filles arrivèrent à leur tour et dirent : "Seigneur, Seigneur, ouvre-nous !" Il leur répondit : "Amen, je vous le dis : je ne vous connais pas."

« Veillez* donc, car vous ne savez ni le jour ni l'heure. »

Prière sur les offrandes

Dans ta bonté, Seigneur, accepte les présents que nous voulons te consacrer, en mémoire de la bienheureuse martyre Thérèse-Bénédicte, et rends-les parfaits, toi qui as mené à leur perfection les multiples sacrifices de l'ancienne Alliance dans l'unique sacrifice offert par ton Fils en son propre sang. Lui qui règne… **—*Amen.***

Antienne de la communion

Si je traverse les ravins de la mort,
je ne crains aucun mal,
car tu es avec moi.
(Ps 22, 4)

Prière après la communion

En ce jour où nous honorons la bienheureuse Thérèse-Bénédicte, Dieu de grande bonté, nous te prions : que les fruits de l'arbre de la croix donnent force à nos cœurs ; fidèlement attachés au Christ en ce monde, nous pourrons au paradis, manger de l'arbre de la vie. Par Jésus… **—*Amen.***

INVITATION

Et si je redisais lentement le Je vous salue Marie chaque soir de cette semaine, pour me préparer à l'Assomption ?

COMMENTAIRE

Prévoyance obligatoire Matthieu 25, 1-13

Il y a des biens qui augmentent à mesure qu'on en donne – comme la joie, l'amour – et d'autres qu'on ne peut partager d'aucune façon. Les cinq jeunes filles qui ont pris leurs flacons pour remplir leurs lampes pourraient sans doute partager leur huile, mais pas leur prévoyance. Or c'est ce bien précieux qui est récompensé par l'époux. Personne ne pourra, à notre place, préparer notre rencontre avec le Christ, source de joie et d'amour. ■

***Père Nicolas Tarralle**, assomptionniste*

✲ CLÉ DE LECTURE

« Veillez » Matthieu 25, 13 *(p. 79)*

Tout le texte tend vers un seul appel : « Veillez ! » Plusieurs paraboles sont réunies autour du même constat : « Le maître tarde. » Les années ont passé, voire les décennies, et le Seigneur dont on attendait le retour dans l'urgence ne revient pas. Les chrétiens doivent affronter cette réalité difficile et repenser leur inscription dans le temps et dans le monde. La vie quotidienne en ce monde que certains pensaient abandonner bientôt, est bien le lieu, et le seul, où ils doivent affirmer leur foi, garder leur espérance vive et partager l'amour que le Christ leur a offert. Mais la vigilance reste un impératif majeur car le Seigneur ne cesse de revenir dans nos vies : il vient à toute heure, à travers les appels au secours de nos frères humains ! ■

***Roselyne Dupont-Roc**, bibliste*

MARDI 10 AOÛT 2021

COULEUR LITURGIQUE : ROUGE

Saint Laurent

IIIe siècle. Sans doute le plus célèbre des martyrs romains.
Diacre du pape Sixte II, il mourut brûlé vif sur un gril.

Antienne d'ouverture

Au service de l'Église, le diacre saint Laurent s'est offert lui-même ;
il fut digne de souffrir le martyre
et de rejoindre dans la joie le Seigneur Jésus Christ.

Gloire à Dieu (p. 232)

Prière

C'est l'ardeur de ton amour, Seigneur, qui a donné au diacre saint Laurent de se montrer fidèle dans son service, et d'accéder à la gloire du martyre ; accorde-nous d'aimer ce qu'il aimait, et d'accomplir ce qu'il a enseigné. Par Jésus Christ…

— Amen.

Lectures propres à la fête de saint Laurent.

Lecture

de la deuxième lettre de saint Paul apôtre aux Corinthiens (9, 6-10)

« Dieu aime celui qui donne joyeusement »

Frères, rappelez-vous le proverbe : À semer trop peu, on récolte trop peu ; à semer largement, on récolte largement. Que chacun donne comme il a décidé dans son cœur, sans regret et sans contrainte, car

Dieu aime celui qui donne joyeusement. Et Dieu est assez puissant pour vous donner toute grâce en abondance, afin que vous ayez, en toute chose et toujours, tout ce qu'il vous faut, et même que vous ayez en abondance de quoi faire toute sorte de bien. L'Écriture dit en effet de l'homme juste : *Il distribue, il donne aux pauvres ; sa justice demeure à jamais.* Dieu, qui fournit *la semence au semeur et le pain pour la nourriture,* vous fournira la graine ; il la multipliera, il donnera la croissance à ce que vous accomplirez dans la justice. – Parole du Seigneur.

Psaume 111 (112)

℟ ***L'homme de bien a pitié, il partage.***

Heureux qui craint le Seigneur,
qui aime entièrement sa volonté !
Sa lignée sera puissante sur la terre ;
la race des justes est bénie. ℟

L'homme de bien a pitié, il partage ;
il mène ses affaires avec droiture.
Cet homme jamais ne tombera ;
toujours on fera mémoire du juste. ℟

Il ne craint pas l'annonce d'un malheur :
le cœur ferme, il s'appuie sur le Seigneur.
Son cœur est confiant, il ne craint pas :
il verra ce que valaient ses oppresseurs. ℟

Homme de justice, de tendresse et de pitié,
à pleines mains, il donne au pauvre ;
à jamais se maintiendra sa justice,
sa puissance grandira, et sa gloire ! ℟

Acclamation de l'Évangile

Alléluia. Alléluia. Celui qui me suit ne marchera pas dans les ténèbres, dit le Seigneur, il aura la lumière de la vie. ***Alléluia.***

Évangile de Jésus Christ

selon saint Jean (12, 24-26)

« Si quelqu'un me sert, mon Père l'honorera »

En ce temps-là, Jésus disait à ses disciples : « Amen, amen, je vous le dis : si le grain de blé tombé en terre ne meurt pas, il reste seul ; mais s'il meurt, il porte beaucoup de fruit. Qui aime sa vie la perd ; qui s'en détache en ce monde la gardera pour la vie éternelle. Si quelqu'un veut me servir, qu'il me suive ; et là où moi je suis, là aussi sera mon serviteur. Si quelqu'un me sert, mon Père l'honorera. »

Prière sur les offrandes

Accueille, Seigneur, avec bienveillance, les offrandes que nous te présentons en ce jour où nous fêtons saint Laurent ; fais qu'elles servent à notre salut. Par Jésus… — ***Amen.***

Préface des saints martyrs, p. 239.

Antienne de la communion
« Si quelqu'un veut me servir,
qu'il me suive, dit le Seigneur,
et, là où je suis,
là aussi sera mon serviteur. »
(Jn 12, 26)

Prière après la communion
Rassasiés de tes saints mystères, Seigneur, nous t'adressons cette prière : permets qu'en la fête de saint Laurent nous recevions davantage ton salut, pour l'avoir célébré dans cette eucharistie. Par Jésus… ***— Amen.***

INVITATION

Avec le pape François, je prie pour l'Église *(lire l'intention du mois, p. 4).*

COMMENTAIRE

Distribution rétribution 2 Corinthiens 9, 6-10

« Dieu aime celui qui donne joyeusement » d'un cœur généreux et léger. Il cherche des justes pour transmettre l'abondance de ses dons et des mains pour distribuer ses semences. L'homme juste qui partage avec les pauvres recevra la croissance – il recevra au centuple la justice qu'il dispense – et la graine se multipliera – les dons ont leur propre fécondité. Que notre joie soit, en nous donnant, de recevoir celui qui nous donne. ■

Père Nicolas Tarralle*, assomptionniste*

MERCREDI 11 AOÛT 2021

19E SEMAINE DU TEMPS ORDINAIRE COULEUR LITURGIQUE : BLANC

Sainte Claire

1193-1253. Attirée par l'idéal de pauvreté radicale prêché par saint François d'Assise, elle fonda, à sa suite, l'ordre des Pauvres Dames (ou Clarisses). Canonisée en 1255.

Antienne d'ouverture

Par sa vie entièrement consacrée à Dieu,
sainte Claire a mérité d'entendre cet appel :
« Viens, épouse du Christ, reçois pour toujours
la couronne que le Seigneur t'a préparée. »

Prière

Dans ta miséricorde, Seigneur, tu as conduit sainte Claire à l'amour de la pauvreté ; à sa prière, accorde-nous de suivre le Christ avec la même pauvreté de cœur, afin de pouvoir te contempler dans le royaume des Cieux. Par Jésus Christ… ***— Amen.***

Lecture

du livre du Deutéronome (34, 1-12)

« Moïse mourut là, selon la parole du Seigneur.
Il ne s'est plus levé en Israël un prophète comme Moïse »

En ces jours-là, Moïse monta des steppes de Moab au mont Nébo, sur un sommet qui est en face de Jéricho. Le Seigneur lui fit voir tout le pays : Galaad jusqu'à Dane, tout Nephtali, le pays d'Éphraïm et de Manassé, tout le pays de Juda jusqu'à la Méditerranée, le Néguev, la région du Jourdain, la vallée de Jéricho ville des Palmiers, jusqu'à Soar. Le Seigneur lui dit : « Ce pays que tu vois, j'ai juré à Abraham, à Isaac et à Jacob de le donner à leur descendance. Je te le fais voir, mais tu n'y entreras pas. » Moïse, le serviteur du Seigneur, mourut là, au pays de Moab, selon la parole du Seigneur. On l'enterra dans la vallée qui est en face de Beth-Péor, au pays de Moab. Mais aujourd'hui encore, personne ne sait où se trouve son tombeau. Moïse avait cent vingt ans quand il mourut ; sa vue n'avait pas baissé, sa vitalité n'avait pas diminué. Les fils d'Israël pleurèrent Moïse dans les steppes de Moab, pendant trente jours. C'est alors que s'achevèrent les jours du deuil de Moïse. Josué, fils de Noun, était rempli de l'esprit de sagesse, parce que Moïse lui avait imposé les mains. Les fils d'Israël lui obéirent, ils firent ce que le Seigneur avait prescrit à Moïse.

Il ne s'est plus levé en Israël un prophète comme Moïse, lui que le Seigneur rencontrait face à face. Que de signes et de prodiges le Seigneur l'avait envoyé accomplir en Égypte, devant Pharaon, tous ses serviteurs et tout son pays ! Avec quelle main puissante, quel pouvoir redoutable, Moïse avait agi aux yeux de tout Israël !

– Parole du Seigneur.

Psaume 65 (66)

℟ ***Béni soit Dieu, car il rend la vie à notre âme.***

Acclamez Dieu, toute la terre ;
fêtez la gloire de son nom,
glorifiez-le en célébrant sa louange.

Dites à Dieu :
« Que tes actions sont redoutables ! » ℟

Venez et voyez les hauts f**a**its de Dieu,
ses exploits redoutables
pour les f**i**ls des hommes.
Peuples, bénisse**z** notre Dieu !
Faites retent**i**r sa louange. ℟

Venez, écoutez, vous to**u**s qui craignez Dieu :
je vous dirai ce qu'il a f**a**it pour mon âme ;
quand je poussai vers lu**i** mon cri,
ma bouche faisait déj**à** son éloge. ℟

Acclamation de l'Évangile

Alléluia. Alléluia. Dans le Christ, Dieu réconciliait le monde avec lui : il a mis dans notre bouche la parole de la réconciliation. ***Alléluia.***

Évangile de Jésus Christ

selon saint Matthieu (18, 15-20)

« S'il t'écoute, tu as gagné ton frère »

En ce temps-là, Jésus disait à ses disciples : « Si ton frère a commis un péché contre toi, va lui faire des reproches seul à seul. S'il t'écoute, tu as gagné ton frère. S'il ne t'écoute pas, prends en plus avec toi une ou deux personnes afin que toute l'affaire soit réglée sur la parole de deux ou trois témoins. S'il refuse de les écouter, dis-le à l'assemblée de l'Église ; s'il refuse encore d'écouter l'Église, considère-le comme un païen et un publicain. Amen, je vous le dis : tout ce que vous aurez lié sur la terre sera lié dans le ciel, et tout ce que vous aurez délié sur la terre sera délié dans le ciel. Et pareillement, amen, je vous le dis, si deux d'entre vous sur la terre se mettent d'accord pour demander quoi que ce soit, ils l'obtiendront de mon Père qui est aux cieux. En effet, quand deux ou trois* sont réunis en mon nom, je suis là, au milieu d'eux. »

Prière sur les offrandes

Accepte, Seigneur, l'humble hommage que nous te présentons en la fête de sainte Claire ; et par ce sacrifice pur et parfait, fais-nous brûler d'amour en ta présence. Par Jésus… ***– Amen.***

Antienne de la communion

Sainte Claire, vigilante et fidèle,
a choisi la meilleure part :
elle ne lui sera pas enlevée.
(cf. Lc 10, 42)

Prière après la communion

Déjà réconfortés par le pain du ciel, nous implorons ta bonté, Seigneur : en ce jour où nous célébrons la fête de sainte Claire, accorde-nous le pardon de nos fautes, donne à nos corps la santé, à nos âmes, ta grâce et la gloire sans fin. Par Jésus… ***– Amen.***

INVITATION

En la fête de sainte Claire, je confie au Seigneur toutes les sœurs clarisses.

MERCREDI 11 AOÛT 2021

COMMENTAIRE

Correction fraternelle Matthieu 18, 15-20

Jésus propose un remède progressif contre le péché : un tête-à-tête, une convocation d'une ou deux personnes, puis de l'assemblée et, en dernier ressort, constater que l'entêtement exclut. Aujourd'hui, les réseaux sociaux torpillent cette progressivité : une simple remarque est aussitôt multipliée sur la toile publique. Soyons vigilants à n'y diffuser que des paroles de miséricorde… et à pratiquer la correction fraternelle en tête-à-tête. ■

***Père Nicolas Tarralle**, assomptionniste*

✲ CLÉ DE LECTURE

« Deux ou trois » Matthieu 18, 20 *(p. 88)*

« Deux ou trois » : un modèle d'Église réduit au minimum, que nous pouvons méditer. S'il est dit qu'on ne peut être chrétien tout seul, il est rappelé aussi qu'en temps de dispersion ou de séparation, la plus petite réunion au nom du Seigneur est déjà un lieu où il se rend présent. Ensuite que le Seigneur n'abandonne pas pour autant l'isolé, le prisonnier, le malade, le croyant silencieux au milieu d'incroyants, celui enfin qui se croit exclu. Car la prière est un lien puissant, qui rejoint au-delà des murs et des frontières. Et le Christ a su se faire proche des plus éloignés. C'est aussi la responsabilité de ceux qui se rassemblent de prendre en charge ceux qui ne sont pas là, et c'est la responsabilité de chacun de créer, par tous les moyens, du lien. ■

***Roselyne Dupont-Roc**, bibliste*

JEUDI 12 AOÛT 2021

19E SEMAINE DU TEMPS ORDINAIRE COULEUR LITURGIQUE : VERT

Temps ordinaire, *suggestion d'oraisons et d'antiennes n° 3*
ou **sainte Jeanne-Françoise de Chantal,** *voir p. 97*

Antienne d'ouverture

Chantez au Seigneur un chant nouveau,
chantez au Seigneur, terre entière :
la splendeur et l'éclat, la puissance et la beauté brillent
dans son Temple saint ! (Ps 95, 1. 6)

Prière

Dieu éternel et tout-puissant, dirige notre vie selon ton amour, afin qu'au nom de ton Fils bien-aimé, nous portions des fruits en abondance. Par Jésus Christ…
— Amen.

Lecture

du livre de Josué (3, 7-10a. 11. 13-17)

« L'arche de l'Alliance du Seigneur va passer le Jourdain devant vous »

En ces jours-là, le Seigneur dit à Josué : « Aujourd'hui, je vais commencer à te grandir devant tout Israël, pour qu'il sache que je suis avec toi comme j'ai été avec Moïse. Toi, tu donneras cet ordre aux prêtres qui portent l'arche d'Alliance : "Lorsque vous serez arrivés au bord du Jourdain, vous vous arrêterez dans le lit du fleuve." » Josué dit ensuite aux fils d'Israël : « Approchez, écoutez les paroles du Seigneur votre

Dieu. À ceci, vous reconnaîtrez que le Dieu vivant est au milieu de vous, et qu'il vous mettra en possession du pays des Cananéens : voici que l'arche de l'Alliance du Seigneur de toute la terre va passer le Jourdain devant vous. Aussitôt que les prêtres qui portent l'arche du Seigneur de toute la terre auront posé la plante de leurs pieds dans les eaux du Jourdain, les eaux qui sont en amont seront coupées, et elles s'arrêteront en formant une seule masse. »
Quand le peuple leva le camp pour passer le Jourdain, les prêtres portaient l'arche d'Alliance en tête du peuple. Or, le Jourdain coule à pleins bords pendant toute la saison des moissons. Dès que les prêtres qui portaient l'arche furent arrivés au Jourdain, et que leurs pieds touchèrent l'eau, les eaux s'arrêtèrent en amont et se dressèrent comme une seule masse sur une grande distance, à partir d'Adame, ville voisine de Sartane ; et en aval, les eaux achevèrent de s'écouler vers la mer de la Araba, la mer Morte. Le peuple traversa à la hauteur de Jéricho. Les prêtres qui portaient l'arche de l'Alliance du Seigneur restèrent immobiles, sur la terre sèche, au milieu du Jourdain. Alors tout Israël traversa à pied sec, jusqu'à ce que toute la nation eût fini de passer le Jourdain. – Parole du Seigneur.

Psaume 113A (114)

℟ ***Alléluia !***

Quand Israël sortit d'Égypte,
et Jacob, de chez un peuple étranger,
Juda fut pour Dieu un sanctuaire,
Israël devint son domaine. ℟

La mer voit et s'enfuit,
le Jourdain retourne en arrière.
Comme des béliers, bondissent les montagnes,
et les collines, comme des agneaux. ℟

Qu'as-tu, mer, à t'enfuir,
Jourdain, à retourner en arrière ?
Montagnes, pourquoi bondir
    comme des béliers,
collines, comme des agneaux ? ℟

Acclamation de l'Évangile

Alléluia. Alléluia. Pour ton serviteur, que ton visage s'illumine : apprends-moi tes commandements. ***Alléluia.***

Évangile de Jésus Christ

selon saint Matthieu (18, 21 – 19, 1)

« Je ne te dis pas de pardonner jusqu'à sept fois, mais jusqu'à 70 fois sept fois »

En ce temps-là, Pierre s'approcha de Jésus pour lui demander : « Seigneur, lorsque mon frère commettra des fautes contre moi, combien de fois dois-je lui pardonner ? Jusqu'à sept fois ? » Jésus lui répondit : « Je ne te dis pas jusqu'à sept fois, mais jusqu'à 70 fois sept

fois. Ainsi, le royaume des Cieux est comparable à un roi qui voulut régler ses comptes avec ses serviteurs. Il commençait, quand on lui amena quelqu'un qui lui devait dix mille talents (c'est-à-dire soixante millions de pièces d'argent). Comme cet homme n'avait pas de quoi rembourser, le maître ordonna de le vendre, avec sa femme, ses enfants et tous ses biens, en remboursement de sa dette. Alors, tombant à ses pieds, le serviteur demeurait prosterné et disait : "Prends patience envers moi, et je te rembourserai tout." Saisi de compassion, le maître de ce serviteur le laissa partir et lui remit sa dette.

« Mais, en sortant, ce serviteur trouva un de ses compagnons qui lui devait cent pièces d'argent. Il se jeta sur lui pour l'étrangler, en disant : "Rembourse ta dette !" Alors, tombant à ses pieds, son compagnon le suppliait : "Prends patience envers moi, et je te rembourserai." Mais l'autre refusa et le fit jeter en prison jusqu'à ce qu'il ait remboursé ce qu'il devait. Ses compagnons, voyant cela, furent profondément attristés et allèrent raconter à leur maître tout ce qui s'était passé. Alors celui-ci le fit appeler et lui dit : "Serviteur mauvais ! je t'avais remis toute cette dette parce que tu m'avais supplié. Ne devais-tu pas, à ton tour, avoir pitié de ton compagnon*, comme moi-même j'avais eu pitié de toi ?" Dans sa colère, son maître le livra aux bourreaux jusqu'à ce qu'il eût remboursé tout ce qu'il devait.

« C'est ainsi que mon Père du ciel vous traitera, si chacun de vous ne pardonne pas à son frère du fond du cœur. »

Lorsque Jésus eut terminé ce discours, il s'éloigna de la Galilée et se rendit dans le territoire de la Judée, au-delà du Jourdain.

Prière sur les offrandes

Dans ta bonté, Seigneur, accepte notre offrande : qu'elle soit sanctifiée et serve ainsi à notre salut. Par Jésus… — ***Amen.***

Antienne de la communion

Ensemble, approchez du Seigneur : resplendissez de sa lumière et sur votre visage il n'y aura plus d'ombre.
(Ps 33, 6)

OU

« Je suis la lumière du monde,
dit le Seigneur, celui qui me suit
ne marchera pas dans les ténèbres :
il aura la lumière de la vie. »
(Jn 8, 12)

Prière après la communion

Permets, nous t'en prions, Dieu tout-puissant, qu'ayant reçu de toi la grâce d'une nouvelle vie, nous puissions nous en émerveiller toujours. Par Jésus… — ***Amen.***

INVITATION

Je peux m'inscrire au pèlerinage en ligne proposé en partenariat avec le Pèlerinage national à Lourdes sur : www.prionseneglise.fr/e-pelerinage-lourdes

COMMENTAIRE

Mansuétude sans calcul Matthieu 18, 21 – 19, 1

Nous récitons chaque jour le Notre Père : « Pardonne-nous nos offenses comme nous pardonnons aussi à ceux qui nous ont offensés. » Ne croyons pas qu'il soit impossible d'être miséricordieux comme le maître de la parabole. Car pardonner, nous dit Jésus, ce n'est pas tenir des comptes, c'est puiser chaque fois au plus profond du cœur. Comme le maître, laissons-nous saisir de compassion : elle est illimitée. ■

***Père Nicolas Tarralle**, assomptionniste*

❊ CLÉ DE LECTURE

« Ton compagnon [de service] » Matthieu 18, 33 *(p. 94)*

Une parabole terrible pour Pierre comme pour tous les responsables d'Église qui ont reçu juste avant le pouvoir « de lier et de délier » (Mt 16, 19 ; 18, 18) ! Pierre le sait bien, qui demande : « Combien de fois devrai-je pardonner ? » Le véritable pouvoir n'est pas celui du jugement mais du pardon sans limite. Car nous sommes tous « compagnons de service », Paul le rappelle avec véhémence : « Toi, l'homme qui juge, tu n'as aucune excuse » (Rm 2, 1). D'ailleurs le récit décale encore le regard : il ne s'agit pas de « remettre » la dette (le verbe est celui du pardon des péchés), car seul le Maître peut le faire (Mt 18, 27) ; à un compagnon de service il est demandé d'avoir pitié, d'épouser le regard aimant et miséricordieux de Dieu pour l'autre comme pour soi-même. ■

***Roselyne Dupont-Roc**, bibliste*

Sainte Jeanne-Françoise de Chantal

Couleur liturgique : blanc

1572-1641. Veuve à 28 ans, elle se mit sous la direction spirituelle de saint François de Sales. Avec lui, elle fonda, en 1610 à Annecy, l'ordre de la Visitation (les Visitandines).

Antienne d'ouverture

Sainte Jeanne-Françoise de Chantal a reçu la bénédiction du Seigneur : elle a trouvé grâce devant Dieu son Sauveur : car elle appartient à la race de ceux qui cherchent Dieu. (cf. Ps 23, 5-6)

Prière

Seigneur, tu as donné à sainte Jeanne-Françoise de Chantal d'atteindre une haute sainteté à travers différents états de vie ; accorde-nous, à sa prière, de répondre fidèlement à notre vocation pour témoigner de la lumière en toute circonstance. Par Jésus Christ…

— Amen.

Prière sur les offrandes

Accepte, Seigneur, comme un hommage de tes serviteurs l'offrande que nous déposons sur ton autel en cette fête de sainte Jeanne-Françoise de Chantal ; permets qu'en nous détachant des biens de la terre, nous n'ayons d'autres richesses que toi. Par Jésus…

— Amen.

Antienne de la communion

Goûtez et voyez comme est bon
le Seigneur, heureux qui trouve
en lui son refuge. (Ps 33, 9)

Prière après la communion

Par la puissance de cette communion, Seigneur, conduis-nous toujours dans la voie de ton amour, comme tu fis pour sainte Jeanne-Françoise de Chantal ; l'œuvre de salut que tu as entreprise en nous, poursuis-la jusqu'au jour du Christ. Lui qui… ***— Amen.***

VENDREDI 13 AOÛT 2021

19e SEMAINE DU TEMPS ORDINAIRE COULEUR LITURGIQUE : VERT

Temps *ordinaire, suggestion d'oraisons et d'antiennes n° 4*
ou **saint Pontien et saint Hippolyte**

Antienne d'ouverture

Sauve-nous, Seigneur notre Dieu ;
rassemble tes enfants dispersés. Nous rendrons grâce à ton saint nom, nous te bénirons dans la joie. (Ps 105, 47)

Prière

Accorde-nous, Seigneur, de pouvoir t'adorer sans partage, et d'avoir pour tout homme une vraie charité. Par Jésus Christ… ***— Amen.***

Lecture

du livre de Josué (24, 1-13)

« J'ai pris votre père au-delà de l'Euphrate ;
j'ai fait sortir vos pères de l'Égypte ; je vous ai introduits dans le pays »

En ces jours-là, Josué réunit toutes les tribus d'Israël à Sichem ; puis il appela les anciens d'Israël, avec les chefs, les juges et les scribes ; ils se présentèrent devant Dieu. Josué dit alors à tout le peuple : « Ainsi parle le Seigneur, le Dieu d'Israël : Vos ancêtres habitaient au-delà de l'Euphrate depuis toujours, jusqu'à Tèrah, père d'Abraham et de Nahor, et ils servaient d'autres dieux. Alors j'ai pris votre père Abraham au-delà de l'Euphrate, et je lui ai fait traverser toute la terre de Canaan ; j'ai multiplié sa descendance, et je lui ai donné Isaac. À Isaac, j'ai donné Jacob et Ésaü. À Ésaü, j'ai donné en possession la montagne de Séïr. Jacob et ses fils sont descendus en Égypte.

« J'ai envoyé ensuite Moïse et Aaron, et j'ai frappé l'Égypte par tout ce que j'ai accompli au milieu d'elle. Ensuite, je vous en ai fait sortir. Donc, j'ai fait sortir vos pères de l'Égypte, et vous êtes arrivés à la mer ; les Égyptiens poursuivaient vos pères avec des chars et des guerriers jusqu'à la mer des Roseaux. Vos pères crièrent alors vers le Seigneur, qui étendit un brouillard épais entre vous et les Égyptiens, et fit revenir sur eux la mer, qui les recouvrit. Vous avez vu de vos propres yeux ce que j'ai fait en Égypte, puis vous avez séjourné longtemps dans le désert.

« Je vous ai introduits ensuite dans le pays des Amorites qui habitaient au-delà du Jourdain. Ils vous ont fait la guerre, et je les ai livrés entre vos mains : vous avez pris possession de leur pays, car je les ai anéantis devant vous. Puis Balaq, fils de Cippor, roi de Moab, se leva pour faire la guerre à Israël, et il envoya chercher Balaam, fils de Béor, pour vous maudire. Mais je n'ai pas voulu écouter Balaam : il a même dû vous bénir, et je vous ai sauvés de la main de Balaq. Ensuite, vous avez passé le Jourdain pour atteindre Jéricho ; les chefs de Jéricho vous ont fait la guerre, ainsi que de nombreux peuples, mais je les ai livrés entre vos mains. J'ai envoyé devant vous des frelons, qui ont chassé les deux rois amorites ; ce ne fut ni par ton épée ni par ton arc. Je vous ai donné une terre qui ne vous a coûté aucune peine, des villes dans lesquelles vous vous êtes installés sans les avoir bâties, des vignes et des oliveraies dont vous profitez aujourd'hui sans les avoir plantées. » – Parole du Seigneur.

Psaume 135 (136)

℟ ***Éternel est son amour !***
OU ***Alléluia !***

Rendez grâce au Seigneur : il est bon,
(℟) éternel est son amour !
Rendez grâce au Dieu des dieux,
(℟) éternel est son amour !
Rendez grâce au Seigneur des seigneurs,
(℟) éternel est son amour !

Lui qui mena son peuple au désert,
(℟) éternel est son amour !
qui frappa des princes fameux,
(℟) éternel est son amour !
et fit périr des rois redoutables,
(℟) éternel est son amour !

Pour donner leur pays en héritage,
(℟) éternel est son amour !
en héritage à Israël, son serviteur,
(℟) éternel est son amour !
il nous tira de la main des oppresseurs,
(℟) éternel est son amour !

Acclamation de l'Évangile

Alléluia. Alléluia. Accueillez la parole de Dieu pour ce qu'elle est réellement : non pas une parole d'hommes, mais la parole de Dieu. ***Alléluia.***

Évangile de Jésus Christ

selon saint Matthieu (19, 3-12)

« C'est en raison de la dureté de votre cœur que Moïse vous a permis de renvoyer vos femmes. Mais au commencement, il n'en était pas ainsi »

En ce temps-là, des pharisiens s'approchèrent de Jésus pour le mettre à l'épreuve ; ils lui demandèrent : « Est-il permis à un homme de renvoyer sa femme pour n'importe quel motif ? » Il répondit : « N'avez-vous pas lu ceci ? Dès le commencement, le Créateur les fit homme et femme, et dit : *"À cause de cela, l'homme quittera son père et sa mère, il s'attachera à sa femme, et tous deux deviendront une seule chair."* Ainsi, ils ne sont plus deux, mais une seule chair. Donc, ce que Dieu a uni, que l'homme ne le sépare pas ! » Les pharisiens lui répliquent : « Pourquoi donc Moïse a-t-il prescrit la remise d'un acte de divorce avant la répudiation ? » Jésus leur répond : « C'est en raison de la dureté de votre cœur que Moïse vous a permis de renvoyer vos femmes. Mais au commencement, il n'en était pas ainsi. Or je vous le dis : si quelqu'un renvoie sa femme – sauf en cas d'union illégitime – et qu'il en épouse une autre, il est adultère. » Ses disciples lui disent : « Si telle est la situation de l'homme par rapport à sa femme, mieux vaut ne pas se marier. » Il leur répondit : « Tous ne comprennent pas* cette parole, mais seulement ceux à qui cela est donné. Il y a des gens qui ne se marient pas car, de naissance, ils en sont incapables ; il y en a qui ne peuvent pas se marier car ils ont été mutilés par les hommes ; il y en a qui ont choisi de ne pas se marier à cause du royaume des Cieux. Celui qui peut comprendre, qu'il comprenne ! »

Prière sur les offrandes

Pour te servir, Seigneur, nous déposons nos offrandes sur ton autel : accueille-les avec indulgence, pour qu'elles deviennent le sacrement de notre salut. Par Jésus… — **Amen.**

Antienne de la communion

Seigneur, que ton visage s'éclaire
en faveur de tes fidèles.
Sauve-nous dans ta bonté,
ne déçois pas notre prière. (Ps 30, 17-18)

OU

Heureux les pauvres de cœur :
le royaume des Cieux est à eux !
Heureux les doux : ils obtiendront
la terre promise ! (Mt 5, 3-4)

Prière après la communion

Nous avons été fortifiés, Seigneur, par le sacrement de notre Rédemption ; permets que cet aliment de salut éternel nous fasse progresser dans la vraie foi. Par Jésus… — **Amen.**

INVITATION

Le Pèlerinage national à Lourdes nous invite, ce jour, à « rétablir la fraternité par le pardon ». Je peux m'inscrire au pèlerinage en ligne et déposer en ce sens une intention de prière sur www.prionseneglise.fr/e-pelerinage-lourdes

COMMENTAIRE

Cas de conscience Matthieu 19, 3-12

Jésus délaisse le raisonnement de ses adversaires sur la répudiation et les renvoie au commencement. Quand Dieu créa l'homme et la femme, cela était très bon. Hélas, la réalité présente n'est pas aussi idyllique : mieux vaudrait ne pas se marier, disent les disciples. Pourtant, cela est donné à certains, affirme Jésus. Comme il est donné à d'autres de ne pas se marier à cause du royaume des Cieux. L'essentiel est d'accueillir ce don. ■

Père Nicolas Tarralle, *assomptionniste*

❊ CLÉ DE LECTURE

« Tous ne comprennent pas » Matthieu 19, 11 *(p. 101)*

La réponse de Jésus prend en compte ce que les disciples viennent de remarquer avec dépit et lucidité : « [Si on ne peut renvoyer sa femme, alors] mieux vaut ne pas se marier ! » Jésus convient qu'il y a une fragilité constitutive de l'être humain, et que la fidélité reste un privilège et un don. Tous ne comprennent pas cette parole, littéralement : ils n'ont pas d'espace en eux pour elle. Accueillir la Parole dans sa radicalité n'est pas un but qu'on puisse atteindre par ses propres forces, les dons sont divers et Jésus sait bien que chacun se débat avec ses propres difficultés. Lui rappelle la visée bonne du Créateur et demande à chacun de respecter la femme qu'il a d'abord épousée, en essayant de comprendre au mieux la volonté de Dieu pour lui. ■

Roselyne Dupont-Roc, *bibliste*

SAMEDI 14 AOÛT 2021

19E SEMAINE DU TEMPS ORDINAIRE COULEUR LITURGIQUE : ROUGE

Saint Maximilien-Marie Kolbe

1894-1941. Franciscain polonais. Le père Kolbe, détenu au camp d'extermination d'Auschwitz, offrit sa vie à la place d'un autre déporté, père de famille. Canonisé en 1982.

Antienne d'ouverture

« Venez, les bénis de mon Père. Vraiment je vous le dis :
ce que vous avez fait à l'un de ces petits qui sont mes frères,
c'est à moi que vous l'avez fait. » (Mt 25, 34. 40)

Prière

Seigneur Dieu, tu as mis au cœur de saint Maximilien-Marie, prêtre et martyr, un ardent amour pour la Vierge immaculée, un grand souci des âmes et une vie de charité pour le prochain ; accorde-nous, par son intercession, de nous dépenser pour ta gloire dans le service des autres en imitant ton Fils jusqu'à la mort. Lui qui règne… ***— Amen.***

Lecture

du livre de Josué (24, 14-29)

« Choisissez aujourd'hui qui vous voulez servir »

En ces jours-là, Josué avait réuni toutes les tribus d'Israël, et il leur disait : « Maintenant craignez le Seigneur ; servez-le dans l'intégrité et la fidélité. Écartez les dieux que vos pères ont servis au-delà de l'Euphrate et en Égypte ; servez le Seigneur. S'il ne vous plaît pas de servir le Seigneur, choisissez aujourd'hui qui vous voulez servir : les dieux que vos

pères servaient au-delà de l'Euphrate, ou les dieux des Amorites dont vous habitez le pays. Moi et les miens, nous voulons servir le Seigneur. » Le peuple répondit : « Plutôt mourir que d'abandonner le Seigneur pour servir d'autres dieux ! C'est le Seigneur notre Dieu qui nous a fait monter, nous et nos pères, du pays d'Égypte, cette maison d'esclavage ; c'est lui qui, sous nos yeux, a accompli tous ces signes et nous a protégés tout le long du chemin que nous avons parcouru, chez tous les peuples au milieu desquels nous sommes passés. Et même le Seigneur a chassé devant nous tous ces peuples, ainsi que les Amorites qui habitaient le pays. Nous aussi, nous voulons servir le Seigneur, car c'est lui notre Dieu. »

Alors Josué dit au peuple : « Vous ne pouvez pas servir le Seigneur, car il est un Dieu saint, il est un Dieu jaloux, qui ne pardonnera ni vos révoltes ni vos péchés. Si vous abandonnez le Seigneur pour servir les dieux étrangers, il se retournera contre vous, il vous fera du mal, il vous anéantira, lui qui vous a fait tant de bien. » Le peuple répondit à Josué : « Mais si ! Nous voulons servir le Seigneur. » Alors Josué dit au peuple : « Vous en êtes les témoins contre vous-mêmes : c'est vous qui avez choisi de servir le Seigneur. » Ils répondirent : « Nous en sommes témoins. » Josué reprit : « Alors, enlevez les dieux étrangers qui sont au milieu de vous, et tournez votre cœur vers le Seigneur, le Dieu d'Israël. » Le peuple répondit à Josué : « C'est le Seigneur notre Dieu que nous voulons servir, c'est à sa voix que nous voulons obéir. » En ce jour-là, Josué conclut une Alliance pour le peuple. C'est dans la ville de Sichem qu'il lui donna un statut et un droit. Josué inscrivit tout cela dans le livre de la loi de Dieu. Il prit une grande pierre et la dressa sous le chêne qui était dans le sanctuaire du Seigneur. Il dit à tout le peuple : « Voici une pierre qui servira de témoin contre nous, car elle a entendu toutes les paroles que le Seigneur nous a dites; elle servira de témoin contre vous, pour vous empêcher de renier votre Dieu. » Puis Josué renvoya le peuple, chacun dans la part de territoire qui était son héritage. Après ces événements, Josué, fils de Noun, serviteur du Seigneur, mourut à l'âge de cent dix ans. – Parole du Seigneur.

Psaume 15 (16)

℟ ***Seigneur, mon partage et ma coupe !***

Garde-moi, mon Dieu :
  j'ai fait de toi mon refuge.
J'ai dit au Seigneur : « Tu es mon Dieu !
Seigneur, mon partage et ma coupe :
de toi dépend mon sort. » ℟

Je bénis le Seigneur qui me conseille :
même la nuit mon cœur m'avertit.
Je garde le Seigneur
  devant moi sans relâche ;
il est à ma droite : je suis inébranlable. ℟

Tu m'apprends le chemin de la vie :
devant ta face, débordement de joie !
À ta droite, éternité de délices ! ℟

Acclamation de l'Évangile

Alléluia. Alléluia. Tu es béni, Père, Seigneur du ciel et de la terre, tu as révélé aux tout-petits les mystères du Royaume ! ***Alléluia.***

Évangile de Jésus Christ

selon saint Matthieu (19, 13-15)

« N'empêchez pas les enfants de venir à moi, car le royaume des Cieux est à ceux qui leur ressemblent »

En ce temps-là, on présenta des enfants à Jésus pour qu'il leur impose les mains en priant. Mais les disciples les écartèrent vivement. Jésus leur dit : « Laissez les enfants, ne les empêchez pas de venir à moi, car le royaume des Cieux est à ceux qui leur ressemblent. » Il leur imposa les mains, puis il partit de là.

Prière sur les offrandes

En te présentant cette offrande, Seigneur, nous te prions humblement : apprends-nous à t'offrir notre vie à l'exemple de saint Maximilien-Marie. Par Jésus…
— Amen.

Antienne de la communion

« Il n'y a pas de plus grand amour que de donner sa vie pour ses amis », dit le Seigneur.
(Jn 15, 13)

Prière après la communion

Nous t'en prions, Seigneur, toi qui refais nos forces par le corps et le sang de ton Fils, allume en nous le feu de la charité que saint Maximilien-Marie recueillait dans ce repas. Par Jésus…
— *Amen.*

INVITATION

Je pourrais prier le chapelet en m'associant à tous les pèlerins qui sont à Lourdes aujourd'hui.

COMMENTAIRE

Par surprise

Matthieu 19, 13-15

Jésus a fréquemment imposé les mains en priant : sur les malades comme sur les bien portants. Si les disciples écartent vivement les enfants qu'on lui présente, il y a probablement une raison qui nous échappe. Mais Jésus les reprend : l'accueil des petits engage la venue du royaume des Cieux. Or le Royaume n'attend pas, il vient par surprise. Laissons-nous surprendre par les bénédictions qui surgissent dans notre quotidien. ■

***Père Nicolas Tarralle**, assomptionniste*

DIMANCHE 15 AOÛT 2021

ASSOMPTION DE LA VIERGE MARIE

ANNÉE B   COULEUR LITURGIQUE : BLANC

© Catherine Chion

« Il renverse les puissants de leurs trônes, il élève les humbles. »
Luc 1, 52

15 - 21

Lune sous ses pieds, étoiles pour couronne, Marie n'a pas rejoint le ciel munie d'une échelle, si ce n'est celle de l'humilité. Elle n'a eu de cesse d'en gravir les échelons. Et son bonheur, elle ne l'a pas cherché sous le feu des projecteurs, mais dans l'accueil généreux de celui qui a pris chair en elle, et qu'elle a accompagné jusqu'à la croix. Mère incomparable, c'est sur nous qu'elle veille aujourd'hui.

OUVERTURE DE LA CÉLÉBRATION

Chant d'entrée *(Suggestions p. 258)*
ou
Antienne d'ouverture
Un signe grandiose apparut dans le ciel :
une femme, ayant le soleil pour manteau, la lune sous les pieds
et, sur la tête, une couronne de douze étoiles.
(Ap 12, 1)

Suggestion de préparation pénitentielle *(ou p. 231)*
Sous le regard maternel et bienveillant de Marie, tournons-nous vers Dieu et demandons-lui pardon pour nos péchés.

Seigneur Jésus, tu as pris chair dans le sein de la Vierge. Pour notre salut, tu t'es fait l'un de nous, par amour, tu as partagé nos joies et nos peines, accorde-nous ton pardon.
– Nous avons péché contre toi.
Toi le premier Ressuscité, comme à Marie, tu nous promets une vie et un bonheur sans fin, montre-nous ta miséricorde.
– Et nous serons sauvés.

Que Dieu tout-puissant nous fasse miséricorde ; qu'il nous pardonne nos péchés et nous conduise à la vie éternelle. ***– Amen.***

Gloire à Dieu *(p. 232)*

PRIONS EN ÉGLISE 110

Prière

Dieu éternel et tout-puissant, toi qui as fait monter jusqu'à la gloire du ciel, avec son âme et son corps, Marie, la Vierge immaculée, mère de ton Fils ; fais que nous demeurions attentifs aux choses d'en haut pour obtenir de partager sa gloire. Par Jésus Christ… ***— Amen.***

LITURGIE DE LA PAROLE

Lectures propres à la solennité de la Vierge Marie.

Lecture de l'Apocalypse de saint Jean (11, 19a ; 12, 1-6a. 10ab)

« Une Femme, ayant le soleil pour manteau et la lune sous les pieds »

Le sanctuaire de Dieu, qui est dans le ciel, s'ouvrit, et l'arche de son Alliance apparut dans le Sanctuaire. Un grand signe apparut dans le ciel : une Femme, ayant le soleil pour manteau, la lune sous les pieds, et sur la tête une couronne de douze étoiles. Elle est enceinte, elle crie, dans les douleurs et la torture d'un enfantement. Un autre signe apparut dans le ciel : un grand Dragon, rouge feu, avec sept têtes et dix cornes, et, sur chacune des sept têtes, un diadème. Sa queue, entraînant le tiers des étoiles du ciel, les précipita sur la terre. Le Dragon vint se poster devant la Femme qui allait enfanter, afin de dévorer l'enfant dès sa naissance. Or, elle mit au monde un fils, un enfant mâle, celui qui sera le berger de toutes les nations, les conduisant avec un sceptre de fer. L'enfant fut enlevé jusqu'auprès de Dieu et de son Trône, et la Femme s'enfuit

au désert, où Dieu lui a préparé une place. Alors j'entendis dans le ciel une voix forte, qui proclamait : « Maintenant voici le salut, la puissance et le règne de notre Dieu, voici le pouvoir de son Christ ! »
– Parole du Seigneur.

Psaume 44 (45)

℟ ***Debout, à la droite du Seigneur, se tient la reine, toute parée d'or.***

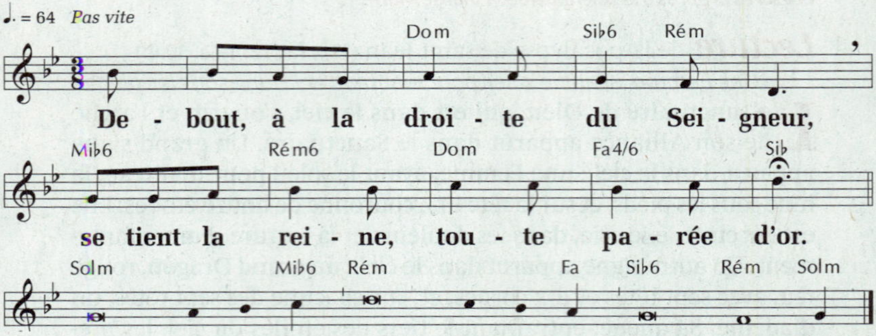

T. : AELF ; M. : J.-P. Lécot ; Éd. : ADF.

Écoute, ma fille, regarde et tends l'oreille ;
oublie ton peuple et la maison de ton père :
le roi sera séduit par ta beauté. ℟

Retrouvez ce psaume sur le CD "Les psaumes de l'année B"

Il est ton Seigneur : prosterne-toi devant lui.
Alors, les plus riches du peuple,
chargés de présents, quêteront ton sourire. ℟

Fille de roi, elle est là, dans sa gloire,
vêtue d'étoffes d'or ;
on la conduit, toute parée, vers le roi. ℟

Des jeunes filles, ses compagnes, lui font cortège ;
on les conduit parmi les chants de fête :
elles entrent au palais du roi. ℟

Lecture de la première lettre de saint Paul apôtre aux Corinthiens (15, 20-27a)

« En premier, le Christ ; ensuite, ceux qui lui appartiennent »

Frères, le Christ est ressuscité d'entre les morts, lui, premier ressuscité parmi ceux qui se sont endormis. Car, la mort étant venue par un homme, c'est par un homme aussi que vient la résurrection des morts. En effet, de même que tous les hommes meurent en Adam, de même c'est dans le Christ que tous recevront la vie, mais chacun à son rang : en premier, le Christ, et ensuite, lors du retour du Christ, ceux qui lui appartiennent. Alors, tout sera achevé, quand le Christ remettra le pouvoir royal à Dieu son Père, après avoir anéanti, parmi les êtres célestes, toute Principauté, toute Souveraineté et Puissance. Car c'est lui qui doit régner

jusqu'au jour où Dieu aura mis sous ses pieds tous ses ennemis. Et le dernier ennemi qui sera anéanti, c'est la mort, car il a tout mis sous ses pieds.

– Parole du Seigneur.

Acclamation de l'Évangile

Alléluia. Alléluia. Aujourd'hui s'est ouverte la porte du paradis : Marie est entrée dans la gloire de Dieu ; exultez dans le ciel, tous les anges ! ***Alléluia.***

U 76-98; T. AELF; M. : P. Robert.

Évangile de Jésus Christ selon saint Luc (1, 39-56)

« Le Puissant fit pour moi des merveilles : il élève les humbles »

En ces jours-là, Marie se mit en route et se rendit avec empressement vers la région montagneuse, dans une ville de Judée. Elle entra dans la maison de Zacharie et salua Élisabeth. Or, quand Élisabeth entendit la salutation de Marie, l'enfant tressaillit en elle. Alors, Élisabeth fut remplie d'Esprit Saint, et s'écria d'une voix forte : « Tu es bénie entre toutes les femmes, et le fruit de tes entrailles est béni. D'où m'est-il donné que la mère de mon Seigneur vienne jusqu'à moi ? Car, lorsque tes paroles de salutation sont parvenues à mes oreilles, l'enfant a tressailli d'allégresse en moi. Heureuse celle qui a cru à l'accomplissement des paroles qui lui furent dites de la part du Seigneur. »
Marie dit alors : « Mon âme exalte le Seigneur, exulte mon esprit en Dieu, mon Sauveur ! Il s'est penché sur son humble servante ; désormais tous les âges me diront bienheureuse. Le Puissant fit pour moi des merveilles ; Saint est son nom ! Sa miséricorde s'étend d'âge en âge sur ceux qui le craignent. Déployant la force de son bras, il disperse les superbes. Il renverse les puissants de leurs trônes, il élève les humbles. Il comble de biens les affamés, renvoie les riches les mains vides. Il relève Israël son serviteur, il se souvient de son amour, de la promesse faite à nos pères, en faveur d'Abraham et sa descendance à jamais. » Marie resta avec Élisabeth environ trois mois, puis elle s'en retourna chez elle.

Homélie

Profession de foi *(p. 233)*

Suggestion de prière universelle

Le prêtre :

Si la Vierge Marie a rejoint les Cieux, elle continue à inonder le monde de sa tendresse maternelle. Par sa prière, confions au Christ toutes nos demandes.

℟ ***Avec Marie ta mère, nous te supplions.***

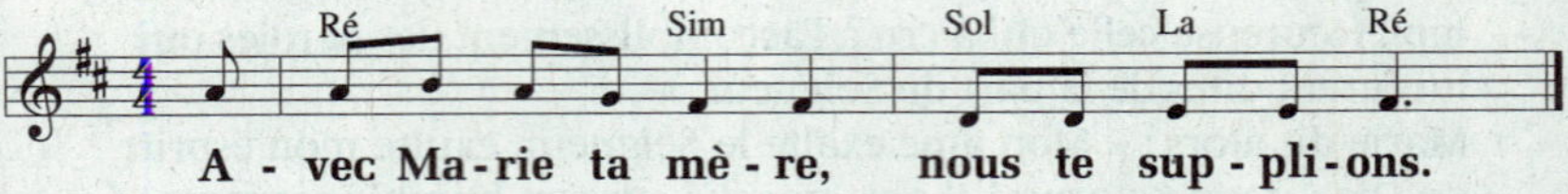

Bayard Liturgie ; M. : M. Wackenheim.

Le diacre ou un lecteur :

Heureuse es-tu, Marie, toi qui as cru aux promesses. Avec toi et le pape François, nous prions pour l'Église, invitée à recevoir du Saint-Esprit la force de se convertir. Seigneur, nous te prions. ℟

Le fruit de tes entrailles est béni, ô Marie. Avec toi nous prions pour nos gouvernants, appelés à prendre soin des hommes, particulièrement des plus fragiles. Seigneur, nous te prions. ℟

Le Seigneur s'est penché sur toi, ô Marie. Avec toi nous prions pour ceux qui souffrent, pour ceux qui se sentent humiliés, victimes de l'injustice des puissants. Seigneur, nous te prions. ℟

Joyeuse es-tu, ô Marie, lorsque tu salues Élisabeth. Avec toi nous prions pour notre paroisse, soucieuse d'être un lieu de fraternité et de solidarité, notamment pour les nouveaux arrivés. Seigneur, nous te prions. ℟

(Ces intentions seront adaptées ou modifiées selon les circonstances.)

Le prêtre :

Seigneur Jésus, accueille les prières que nous te présentons sous le regard bienveillant de Marie ta mère. Écoute-nous, exauce-nous, toi qui règnes pour les siècles des siècles.

— Amen.

LITURGIE EUCHARISTIQUE

Prière sur les offrandes

Que s'élève jusqu'à toi, Seigneur, notre fervent sacrifice ; et tandis qu'intercède pour nous la très sainte Vierge Marie, emportée au ciel, que nos cœurs, brûlants de charité, aspirent toujours à monter vers toi. Par Jésus…

— Amen.

Prière eucharistique

(Préface de l'Assomption de la Vierge Marie)

Vraiment, il est juste et bon de te rendre gloire, de t'offrir notre action de grâce, toujours et en tout lieu, à toi, Père très saint, Dieu éternel et tout-puissant, par le Christ, notre Seigneur. Aujourd'hui la Vierge Marie, la Mère de Dieu, est élevée dans la gloire du ciel : parfaite image de l'Église à venir, aurore de l'Église triomphante, elle guide et soutient l'espérance de ton peuple encore en chemin. Tu as préservé de la dégradation du tombeau le corps qui avait porté ton propre Fils et mis au monde l'auteur de la vie. C'est pourquoi, avec tous les anges du ciel, pleins de joie, nous (disons) chantons : ***Saint ! Saint ! Saint...***

Chant de communion *(Suggestions p. 258)*

OU

Antienne de la communion

Tous les âges te diront bienheureuse, Vierge Marie :
le Puissant a fait pour toi des merveilles.
(cf. Lc 1, 48-49)

Prière après la communion

Après nous avoir donné, Seigneur, le sacrement qui nous sauve, accorde-nous, par l'intercession de Marie, la Vierge bienheureuse élevée au ciel, de parvenir à la gloire de la résurrection. Par Jésus…
— Amen.

CONCLUSION DE LA CÉLÉBRATION

Bénédiction solennelle

Dieu a voulu sauver l'homme par son Fils : il a choisi la Vierge Marie pour le mettre au monde ; qu'il vous envoie d'en haut toute grâce.

– Amen.

Qu'il vous donne d'aimer cette Vierge sainte, qu'elle soit tout près de vous, enfants de Dieu, celle qui nous a donné l'auteur de la vie.

– Amen.

Elle est près de son Fils, fêtez-la tous ensemble, demeurez dans la joie de son cantique d'action de grâce : le Seigneur bénit les fils de sa servante.

– Amen.

Et que Dieu tout-puissant vous bénisse, le Père, et le Fils + et le Saint-Esprit.

– Amen.

Envoi

COMMENTAIRE DU DIMANCHE

Karem Bustica, rédactrice en chef de *Prions en Église*

L'arche nouvelle

L'évangile d'aujourd'hui illustre combien la venue de Jésus accomplit tout l'Ancien Testament. De nombreux biblistes identifient les similitudes du récit de la visitation de Marie avec le passage, plus ancien, de l'arrivée de l'arche d'Alliance à Jérusalem. À l'origine, l'arche est un coffret de bois rectangulaire contenant de la manne, le rameau du prêtre Aaron et les tables de l'Alliance, autrement dit, trois signes fondateurs de la présence mystérieuse de Dieu au milieu de son peuple. C'est pourquoi, dès que le roi David acquiert une stabilité suffisante à Jérusalem, il aspire à rapatrier cette arche, avec tous les égards qu'elle mérite. Mais son projet sera contrarié. L'histoire est racontée dans le second livre de Samuel, chapitre 6. Les deux récits, l'arrivée de l'arche à Jérusalem et la visitation de Marie à Élisabeth, se déroulent dans les collines de Judée. Comme David devant l'arche d'Alliance, Élisabeth se demande la raison de cet événement. L'arche restera chez un certain Obed Edom pendant trois mois, tout comme Marie chez sa cousine. De même que l'arche comble la maison d'Obed Edom, la maison de Zacharie est bénie par la visitation de Marie. Et alors que le roi David danse de joie devant l'arche, Jean Baptiste tresaille d'allégresse devant la Vierge. Avec tous ces détails et astuces narratives, l'évangéliste fait de Marie la nouvelle arche d'Alliance, celle qui porte en elle Jésus. Celle qui ouvre à Dieu les portes de l'humanité et à chacun de nous, les portes du paradis.

Qu'évoque pour moi la fête de l'Assomption ?

Qu'est-ce qui me touche dans la rencontre de ces deux femmes enceintes ?

De qui, de quoi est-ce que je m'aide pour approfondir la lecture de la Bible ? ■

Prions en Église Junior

LIRE L'ÉVANGILE AVEC LES ENFANTS

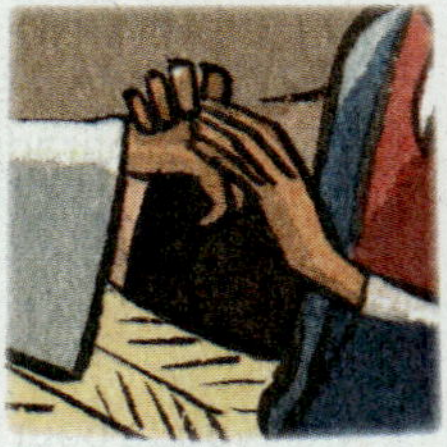

CE QUE JE DÉCOUVRE

Dieu fait des merveilles dans la vie de Marie.
Marie est très heureuse. Elle chante sa joie.
Comme Élisabeth, nous reconnaissons que le bébé de Marie est un don de Dieu.
Le cœur de Marie a été préparé par Dieu pour accueillir Jésus. Depuis son Assomption, Marie est auprès de Dieu, toute proche de Jésus.
Elle lui demande de veiller sur nous.
Elle est comme une mère.
Elle nous aide à accueillir la parole de Dieu et à la garder dans notre cœur.

CE QUE JE VIS

Qu'est-ce que tu aimes bien dans cet évangile ?
Aimes-tu prier Marie, aimes-tu lui parler ? Comment t'y prends-tu ?
Prépare un bouquet de fleurs pour Marie.
Tu le placeras dans ton coin prière.
Confie-lui tout ce qui est important pour toi !

Texte : P. Cédric Kuntz. Illustrations : Marcelino Truong

MÉDITATION BIBLIQUE

ASSOMPTION DE LA VIERGE MARIE

Évangile selon saint Luc 1, 39-56

Consentir au bonheur

Le dialogue entre les deux cousines Marie et Élisabeth est désarmant de simplicité. La volonté divine se pose comme une évidence pour toutes les deux, vécue dans la confiance et source de bonheur.

Le temps de la préparation

« Tu es bénie entre toutes les femmes, et le fruit de tes entrailles est béni. » (Lc 1, 42)

Le temps de l'observation

L'échange auquel l'Écriture donne accès n'est pas banal puisqu'il met en scène la rencontre entre deux cousines à un moment crucial de chacune de leur vie. En entendant Marie la saluer, Élisabeth comprend de l'intérieur, depuis ses entrailles, que Marie est porteuse de la promesse divine. Elle le lui exprime d'une façon éminemment biblique. « Heureuse celle qui a cru à l'accomplissement des paroles qui lui furent dites de la part du Seigneur. » Élisabeth sait bien qu'une telle proximité à Dieu ne peut passer que par la foi. Non pas la foi qui consiste à croire quelque …

…chose à propos de Dieu, mais celle qui consiste à croire Dieu. Marie va enfanter le Sauveur car elle a pris au sérieux la parole de Dieu dans sa vie. C'est ce qu'Élisabeth remarque et lui dit : heureuse es-tu d'avoir cru que c'était possible, d'avoir accepté d'y croire, d'avoir mis ta confiance dans le Seigneur.

Le temps de la méditation

La réaction d'Élisabeth en dit long sur ce contexte biblique parfois si loin de nous. Dieu y semble naturel et évident. Il se présente comme un partenaire dans le quotidien des personnes. Il n'est pas une idée ou une conviction. Il n'est pas un espoir lointain ou compliqué. Il existe dans la relation entre les personnes, dans les choix de vie qu'elles posent, dans les paroles qui sont prononcées ou entendues. Le bonheur consiste alors à cette qualité de présence et de confiance que les personnes entretiennent avec lui. Élisabeth souligne combien Marie peut être heureuse de sa relation à Dieu, combien cette confiance doit lui apporter sécurité et stabilité. Marie le lui confirme et dit combien sa vie a du sens parce qu'elle y voit les merveilles de l'action de Dieu. Ce dialogue lointain est pour nous une chance de regarder le monde comme la parole de Dieu nous invite à le faire. Et de donner une chance à Dieu de combler nos vies.

Le temps de la prière

« Il s'est penché sur son humble servante ; désormais tous les âges me diront bienheureuse. » (Lc 1, 48) ■

Marie-Laure Durand,
bibliste

L'ÉVÉNEMENT
PÈLERINAGE NATIONAL

L'appel de la fraternité

Du 11 au 16 août 2021, le sanctuaire marial de Lourdes accueille le 148e Pèlerinage national. Le thème de cette édition « Tous appelés à la fraternité » renoue avec les pèlerins éprouvés par la crise sanitaire.

Grotte de Massabielle, Lourdes (65).

« Cette année, le Pèlerinage national à Lourdes a bien lieu sur place et pour tous ceux qui le veulent, espère le père Vincent Cabanac, son directeur. Il est tellement important de renouveler les liens qui unissent les pèlerins, surtout l'amitié avec les personnes •••

...malades, âgées ou handicapées. » Quel sera le thème des cinq jours du pèlerinage ? L'appel à la fraternité, qui s'inspire de l'encyclique du pape François *Fratelli tutti*. « C'est un appel à sortir du chacun chez soi que les pèlerins fragiles particulièrement, subissent depuis la crise sanitaire » poursuit le père Vincent. Mgr Michel Aupetit, archevêque de Paris, a accepté de guider les pèlerins sur ce chemin, accompagné d'une dizaine de témoins, dont le général Pierre de Villiers et le père Franklin Parmentier, curé à la basilique Notre-Dame-de-l'Assomption de Nice, pour parler notamment de l'expérience de la violence et du pardon après les attentats d'octobre 2020. Si certains pèlerins ne peuvent venir pour des raisons personnelles ou de santé, des retransmissions et l'accompagnement par des hospitaliers de Notre-Dame de Salut permettront d'avoir des visites à domicile et de maintenir le lien. ■

Père Jean-Paul Musangania,
assomptionniste

REPÈRES

Du 12 au 15 août : retransmission en direct de la célébration eucharistique à 10 h 00, prière du chapelet à 15 h 30 sur Radio Notre-Dame, RCF et KTO.

La rédaction de *Prions en Église* sera présente à Lourdes et proposera aux pèlerins un **itinéraire spirituel** dans le sanctuaire.

Pour commander un kit d'animation et vivre le pèlerinage à distance, écrire à : **central@pelerinage-national.org** ou **01 58 36 08 75**

LUNDI 16 AOÛT 2021

20E SEMAINE DU TEMPS ORDINAIRE COULEUR LITURGIQUE : VERT

Temps ordinaire, *suggestion d'oraisons et d'antiennes n° 5*
ou **saint Étienne de Hongrie**

Antienne d'ouverture

Venez, inclinez-vous, prosternez-vous : adorons le Seigneur qui nous a faits : oui, il est notre Dieu. (Ps 94, 6-7)

Prière

Dans ton amour inlassable, Seigneur, veille sur ta famille ; et puisque ta grâce est notre unique espoir, garde-nous sous ta constante protection. Par Jésus Christ… ***— Amen.***

15 - 21

Lecture

du livre des Juges (2, 11-19)

« Le Seigneur suscita des juges. Mais ils n'obéissaient pas non plus à leurs juges »

En ces jours-là, les fils d'Israël firent ce qui est mal aux yeux du Seigneur, et ils servirent les Baals. Ils abandonnèrent le Seigneur, le Dieu de leurs pères, qui les avait fait sortir du pays d'Égypte, et ils suivirent d'autres dieux parmi ceux des peuples d'alentour. Ils se prosternèrent devant eux, et ils irritèrent le Seigneur. Ils abandonnèrent le Seigneur pour servir Baal et Astarté. Alors la colère du Seigneur s'enflamma contre Israël. Il les livra aux mains des pillards, les abandonna aux ennemis qui les entouraient, et ils furent incapables

de leur résister. Dans toutes leurs expéditions, la main du Seigneur était contre eux, pour leur malheur, comme il le leur avait dit, comme il en avait fait serment. Ils furent dans une très grande détresse.
Alors le Seigneur suscita des juges pour les sauver de la main des pillards. Mais ils n'obéissaient pas non plus à leurs juges. Ils se prostituèrent en suivant d'autres dieux, ils se prosternèrent devant eux. Ils ne tardèrent pas à se détourner du chemin où leurs pères avaient marché en obéissant aux commandements du Seigneur ; ils n'agirent pas comme eux. Lorsque le Seigneur suscitait pour eux un juge, le Seigneur était avec le juge, et il les sauvait de la main de leurs ennemis aussi longtemps que le juge était en vie ; car le Seigneur se laissait émouvoir quand ils gémissaient sous la violence de leurs oppresseurs. Mais quand le juge était mort, ils recommençaient et poussaient la corruption plus loin que leurs pères : ils suivaient d'autres dieux, les servaient et se prosternaient devant eux ; ils ne renonçaient en rien à leurs pratiques ni à leur conduite obstinée.
– Parole du Seigneur.

Psaume 105 (106)

℟ ***Souviens-toi de nous, Seigneur, dans ta bienveillance pour ton peuple.***

Avec nos pères, nous avons péché,
nous avons failli et renié.
Ils vont se mêler aux païens,
ils apprennent leur manière d'agir. ℟

Alors ils servent leurs idoles,
et pour eux c'était un piège :
ils offrent leurs fils et leurs filles
en sacrifice aux démons. ℟

De telles pratiques les souillent ;
ils se prostituent par de telles actions.
Et le Seigneur prend feu contre son peuple :
ses héritiers lui font horreur. ℟

Tant de fois délivrés par Dieu,
ils s'obstinent dans leur idée.
Et lui regarde leur détresse
quand il entend leurs cris. ℟

Acclamation de l'Évangile

Alléluia. Alléluia. Heureux les pauvres de cœur, car le royaume des Cieux est à eux ! ***Alléluia.***

Évangile de Jésus Christ

selon saint Matthieu (19, 16-22)

« Si tu veux être parfait, va, vends ce que tu possèdes, donne-le aux pauvres, et tu auras un trésor dans les cieux »

En ce temps-là, voici que quelqu'un s'approcha de Jésus et lui dit : « Maître, que dois-je faire de bon pour avoir* la vie éternelle ? » Jésus lui dit : « Pourquoi m'interroges-tu sur ce qui est bon ? Celui qui est bon, c'est Dieu, et lui seul ! Si tu veux entrer dans la vie, observe les commandements. » Il lui dit : « Lesquels ? » Jésus reprit : « *Tu ne commettras pas de meurtre. Tu ne commettras pas d'adultère. Tu ne commettras pas de vol. Tu ne porteras pas de faux témoignage. Honore ton père et ta mère.* Et aussi : *Tu aimeras ton prochain comme toi-même.* » Le jeune homme lui dit : « Tout cela, je l'ai observé : que me manque-t-il encore ? » Jésus lui répondit : « Si tu veux être parfait, va, vends ce que tu possèdes, donne-le aux pauvres, et tu auras un trésor dans les cieux. Puis viens, suis-moi. » À ces mots, le jeune homme s'en alla tout triste, car il avait de grands biens.

Prière sur les offrandes

Seigneur notre Dieu, tu as voulu choisir dans ta création le pain et le vin qui refont chaque jour nos forces : fais qu'ils deviennent aussi pour nous le sacrement de la vie éternelle. Par Jésus… **— *Amen.***

Antienne de la communion

Proclamons l'amour du Seigneur,
ses merveilles pour les hommes :
il a rassasié ceux qui avaient faim,
et désaltéré ceux qui avaient soif.
(Ps 106, 8-9)

OU

Heureux ceux qui pleurent :
ils seront consolés !
Heureux ceux qui ont faim et soif
de la justice : ils seront rassasiés !
(Mt 5, 5-6)

Prière après la communion

Tu as voulu, Seigneur, que nous partagions un même pain et que nous buvions à la même coupe : accorde-nous de vivre tellement unis dans le Christ que nous portions du fruit pour le salut du monde. Par Jésus…
— *Amen.*

INVITATION

Des pèlerins peuvent venir à Lourdes grâce aux dons *(lire p. 302).*
Je peux apporter mon soutien à l'association Notre-Dame-de-Salut.

COMMENTAIRE

Alignement

Matthieu 19, 16-22

« Si tu veux entrer dans la vie… » Il s'agit en effet d'y entrer comme on entre dans la danse : en écoutant notre désir de vivre avec l'autre dans la joie. Cet homme veut plus de joie que ce que la Loi lui apporte ! Jésus lui en propose le moyen : s'alléger pour être, comme lui, tout disponible aux rencontres. Pour vivre à plein la joie des rencontres, saurons-nous « voyager léger » ? ■ *Jean-Marc Liautaud, Fondacio*

✲ CLÉ DE LECTURE

« Pour avoir »

Matthieu 19, 16 *(p. 129)*

On remarque souvent que l'homme riche doit apprendre « à manquer ». « Que me manque-t-il ? » demande-t-il pourtant, manifestant le désir en lui comme un manque qu'il ne peut combler par l'observance des commandements les plus altruistes : « Tu aimeras ton prochain. » Jésus cependant déplace son désir, il n'est plus question « d'avoir la vie éternelle », mais d'y entrer. Et cela suppose de renoncer à avoir et à faire toujours plus. La vente de biens distribuée aux pauvres devient alors un geste symbolique ; Jésus invite à s'alléger même du désir de vie éternelle, pour marcher à sa suite. Qu'une seule chose compte désormais pour celui qui observe si justement la Loi : suivre Jésus sans vouloir saisir et posséder, se laisser saisir et conduire par lui. ■ *Roselyne Dupont-Roc, bibliste*

MARDI 17 AOÛT 2021

20E SEMAINE DU TEMPS ORDINAIRE COULEUR LITURGIQUE : VERT

Temps ordinaire, *suggestion d'oraisons et d'antiennes n° 6*

Antienne d'ouverture

Seigneur, sois le rocher qui m'abrite, la maison bien défendue qui me sauve. Pour l'honneur de ton nom guide-moi, conduis-moi. (Ps 30, 3-4)

Prière

Dieu qui veux habiter les cœurs droits et sincères, donne-nous de vivre selon ta grâce, alors tu pourras venir en nous pour y faire ta demeure. Par Jésus Christ…

— Amen.

Lecture

du livre des Juges (6, 11-24a)

« Gédéon, va sauver Israël. N'est-ce pas moi qui t'envoie ? »

En ces jours-là, l'ange du Seigneur vint s'asseoir sous le térébinthe d'Ofra, qui appartenait à Joas, de la famille d'Abièzer. Gédéon, son fils, battait le blé dans le pressoir, pour le soustraire au pillage des Madianites. L'ange du Seigneur lui apparut et lui dit : « Le Seigneur est avec toi, vaillant guerrier ! » Gédéon lui répondit : « Pardon, mon Seigneur ! Si le Seigneur est avec nous, pourquoi tout ceci nous est-il arrivé ? Que sont devenus tous ces prodiges que nous ont racontés nos pères ? Ils nous disaient : "Est-ce que le Seigneur ne nous a pas fait monter d'Égypte ?"

Mais aujourd'hui le Seigneur nous a abandonnés, en nous livrant au pouvoir de Madiane… » Alors le Seigneur regarda Gédéon et lui dit : « Avec la force qui est en toi, va sauver Israël du pouvoir de Madiane. N'est-ce pas moi qui t'envoie ? » Gédéon reprit : « Pardon, mon Seigneur ! Comment sauverais-je Israël ? Mon clan est le plus faible dans la tribu de Manassé, et moi je suis le plus petit dans la maison de mon père ! » Le Seigneur lui répondit : « Je serai avec toi, et tu battras les Madianites comme s'ils n'étaient qu'un seul homme. » Gédéon lui dit : « Si j'ai trouvé grâce à tes yeux, donne-moi un signe que c'est bien toi qui me parles. Ne t'éloigne pas d'ici avant que je revienne vers toi. Je vais chercher mon offrande et je la placerai devant toi. » Le Seigneur répondit : « Je resterai jusqu'à ton retour. »
Gédéon s'en alla, il prépara un chevreau, et avec une mesure de farine il fit des pains sans levain. Il mit la viande dans une corbeille, et le jus dans un pot, puis il apporta tout cela sous le térébinthe et le lui présenta. L'ange de Dieu lui dit : « Prends la viande et les pains sans levain, pose-les sur ce rocher et répands le jus. » Gédéon obéit. Alors l'ange du Seigneur étendit le bâton qu'il tenait à la main, et il toucha la viande et les pains sans levain. Le feu jaillit de la roche, consuma la viande et les pains sans levain, et l'ange du Seigneur disparut. Alors Gédéon comprit que c'était l'ange du Seigneur, et il dit : « Malheur à moi, Seigneur mon Dieu ! Pourquoi donc ai-je vu l'ange du Seigneur face à face ? » Le Seigneur lui répondit : « Que la paix soit avec toi ! Sois sans crainte ; tu ne mourras pas. » À cet endroit, Gédéon bâtit un autel au Seigneur sous le vocable de Seigneur-de-la-paix.
– Parole du Seigneur.

Psaume 84 (85)

℟ ***Ce que dit le Seigneur, c'est la paix pour son peuple.***

J'écoute : que dira le Seigneur Dieu ?
Ce qu'il dit, c'est la paix
pour son peuple et ses fidèles ;
qu'ils ne reviennent jamais à leur folie ! ℟

Amour et vérité se rencontrent,
justice et paix s'embrassent ;
la vérité germera de la terre
et du ciel se penchera la justice. ℟

Le Seigneur donnera ses bienfaits,
et notre terre donnera son fruit.
La justice marchera devant lui,
et ses pas traceront le chemin. ℟

Acclamation de l'Évangile

Alléluia. Alléluia. Jésus Christ s'est fait pauvre, lui qui était riche, pour que vous deveniez riches par sa pauvreté. ***Alléluia.***

Évangile de Jésus Christ

selon saint Matthieu (19, 23-30)

« Il est plus facile à un chameau de passer par un trou d'aiguille qu'à un riche d'entrer dans le royaume des Cieux »

En ce temps-là, Jésus disait à ses disciples : « Amen, je vous le dis : un riche entrera difficilement dans le royaume des Cieux. Je vous le répète : il est plus facile à un chameau de passer par un trou d'aiguille qu'à un riche d'entrer dans le royaume des Cieux. » Entendant ces paroles, les disciples furent profondément déconcertés, et ils disaient : « Qui donc peut être sauvé ? » Jésus posa sur eux son regard et dit : « Pour les hommes, c'est impossible, mais pour Dieu tout est possible. » Alors Pierre prit la parole et dit à Jésus : « Voici que nous avons tout quitté pour te suivre : quelle sera donc notre part ? » Jésus leur déclara : « Amen, je vous le dis : lors du renouvellement du monde, lorsque le Fils de l'homme siégera sur son trône de gloire, vous qui m'avez suivi, vous siégerez vous aussi sur douze trônes pour juger les douze tribus d'Israël. Et celui qui aura quitté, à cause de mon nom, des maisons, des frères, des sœurs, un père, une mère, des enfants, ou une terre, recevra le centuple, et il aura en héritage la vie éternelle. Beaucoup de premiers seront derniers, beaucoup de derniers seront premiers. »

Prière sur les offrandes

Que cette eucharistie, Seigneur notre Dieu, nous purifie et nous renouvelle ; qu'elle donne à ceux qui font ta volonté le bonheur que tu leur as promis. Par Jésus… ***— Amen.***

Antienne de la communion

Le Seigneur combla le désir
de son peuple : ils mangèrent
et ils furent rassasiés, leur attente
ne fut pas trompée. (Ps 77, 29-30)

OU

Dieu a tant aimé le monde qu'il a
donné son Fils unique : ainsi, celui
qui croit en lui ne périra pas, mais il
obtiendra la vie éternelle. (Jn 3, 16)

MARDI 17 AOÛT 2021

Prière après la communion

Tu nous as donné, Seigneur, de goûter aux joies du ciel : fais que nous ayons toujours soif des sources de la vraie vie. Par Jésus… **— *Amen.***

INVITATION

Et si je cherchais un article ou un livre pour nourrir ma vie spirituelle ?

COMMENTAIRE

Le choix du Roi — Juges 6, 11-24a ; Matthieu 19, 23-30

Nous laisser alléger pour nous rendre pleinement disponibles à la beauté des rencontres va à rebours de notre pente : nous protéger de l'autre grâce à nos biens. Pierre, relisant son histoire, découvre qu'il en a été rendu capable. Relisons ces moments où, par grâce, nous avons choisi le meilleur en toute liberté intérieure. Alors, nous croirons que Dieu, en nous comme en Gédéon, peut plus encore. ■

Jean-Marc Liautaud*, Fondacio*

MERCREDI 18 AOÛT 2021

20E SEMAINE DU TEMPS ORDINAIRE COULEUR LITURGIQUE : VERT

Temps ordinaire, *suggestion d'oraisons et d'antiennes n° 7*

15 - 21

Antienne d'ouverture

Seigneur, je suis sûr de ton amour : mon cœur est dans la joie,
car tu me sauves ; je veux chanter au Seigneur tout le bien qu'il m'a fait.
(Ps 12, 6)

Prière

Accorde-nous, Dieu tout-puissant, de conformer à ta volonté nos paroles et nos actes dans une inlassable recherche des biens spirituels. Par Jésus Christ…
— Amen.

Lecture

du livre des Juges (9, 6-15)

Vous m'avez dit : « Non, c'est un roi qui doit régner sur nous »
– alors que votre roi, c'est le Seigneur votre Dieu

En ces jours-là, tous les notables de Sichem et ceux de la maison du Terre-Plein se réunirent et vinrent proclamer roi Abimélek, près du chêne de la Pierre-Dressée qui est à Sichem. On l'annonça à Yotam. Celui-ci vint se poster sur le sommet du mont Garizim et il cria de toutes ses forces : « Écoutez-moi, notables de Sichem, et Dieu vous écoutera ! Un jour, les arbres se mirent en campagne pour se donner un roi et le consacrer par l'onction.

Ils dirent à l'olivier : "Sois notre roi !" L'olivier leur répondit : "Faudra-t-il que je renonce à mon huile, qui sert à honorer Dieu et les hommes, pour aller me balancer au-dessus des autres arbres ?" Alors les arbres dirent au figuier : "Viens, toi, sois notre roi !" Le figuier leur répondit : "Faudra-t-il que je renonce à la douceur et à la saveur de mes fruits, pour aller me balancer au-dessus des autres arbres ?" Les arbres dirent alors à la vigne : "Viens, toi, sois notre roi !" La vigne leur répondit : "Faudra-t-il que je renonce à mon vin, qui réjouit Dieu et les hommes, pour aller me balancer au-dessus des autres arbres ?" Alors tous les arbres dirent au buisson d'épines : "Viens, toi, sois notre roi !" Et le buisson d'épines répondit aux arbres : "Si c'est de bonne foi que vous me consacrez par l'onction pour être votre roi, venez vous abriter sous mon ombre ; sinon, qu'un feu sorte du buisson d'épines et dévore jusqu'aux cèdres du Liban !" » – Parole du Seigneur.

Psaume 20 (21)

℟ ***Seigneur, le roi se réjouit de ta force.***

Seigneur, le roi se réjouit de ta force ;
quelle allégresse lui donne ta victoire !
Tu as répondu au désir de son cœur,
tu n'as pas rejeté le souhait de ses lèvres. ℟

Tu lui destines bénédictions et bienfaits,
tu mets sur sa tête une couronne d'or.
La vie qu'il t'a demandée, tu la lui donnes,
de longs jours, des années sans fin. ℟

Par ta victoire, grandit son éclat :
tu le revêts de splendeur et de gloire.
Tu mets en lui ta bénédiction pour toujours :
ta présence l'emplit de joie ! ℟

Acclamation de l'Évangile

Alléluia. Alléluia. Elle est vivante, efficace, la parole de Dieu ; elle juge des intentions et des pensées du cœur. ***Alléluia.***

Évangile de Jésus Christ

selon saint Matthieu (20, 1-16)

« Ton regard est-il mauvais parce que moi, je suis bon ? »

En ce temps-là, Jésus disait à ses disciples cette parabole : « Le royaume des Cieux est comparable au maître d'un domaine qui sortit dès le matin afin d'embaucher des ouvriers pour sa vigne. Il se mit d'accord avec eux sur le salaire de la journée : un denier, c'est-à-dire une pièce d'argent, et il les envoya à sa vigne. Sorti vers neuf heures, il en vit d'autres qui étaient là, sur la place, sans rien faire. Et à ceux-là, il dit : "Allez à ma vigne, vous aussi, et je vous donnerai ce qui est juste." Ils y allèrent. Il sortit de nouveau vers midi, puis vers trois heures, et fit de même. Vers cinq heures, il sortit encore, en trouva d'autres qui étaient là et leur dit : "Pourquoi êtes-vous restés là, toute la journée, sans rien faire ?" Ils lui répondirent : "Parce que personne ne nous a embauchés." Il leur dit : "Allez à ma vigne, vous aussi."

Le soir venu, le maître de la vigne dit à son intendant : "Appelle les ouvriers et distribue le salaire, en commençant par les derniers pour finir par les premiers." Ceux qui avaient commencé à cinq heures s'avancèrent et reçurent chacun une pièce d'un denier. Quand vint le tour des premiers, ils pensaient recevoir davantage, mais ils reçurent, eux aussi, chacun une pièce d'un denier. En la recevant, ils récriminaient contre le maître du domaine : "Ceux-là, les derniers venus, n'ont fait qu'une heure, et tu les traites à l'égal de nous, qui avons enduré le poids du jour et de la chaleur !" Mais le maître répondit à l'un d'entre eux : "Mon ami, je ne suis pas injuste envers toi. N'as-tu pas été d'accord avec moi pour un denier ? Prends ce qui te revient, et va-t'en. Je veux donner au dernier venu autant qu'à toi : n'ai-je pas le droit de faire ce que je veux de mes biens ? Ou alors ton regard est-il mauvais parce que moi, je suis bon ?" C'est ainsi que les derniers seront premiers, et les premiers seront derniers. »

Prière sur les offrandes

En célébrant avec respect tes mystères, Seigneur, nous te supplions humblement : que les dons offerts pour te glorifier servent à notre salut. Par Jésus… — ***Amen.***

Antienne de la communion

De toute mon âme, Seigneur,
je rendrai grâce en proclamant
tes innombrables merveilles ;
j'exulterai, je danserai auprès de toi,
je fêterai ton nom, Dieu très-haut.
(Ps 9, 2-3)

OU

Seigneur, je le crois : tu es le Christ,
le Fils du Dieu vivant,
celui qui vient dans le monde.
(Jn 11, 27)

Prière après la communion
Nous t'en prions, Dieu tout-puissant, donne-nous de recueillir tous les fruits de salut dont ces mystères sont déjà la promesse et le gage. Par Jésus…
—Amen.

INVITATION

Pour quelle situation de ma vie mon regard mériterait-il d'être plus bienveillant ?

COMMENTAIRE

Sans comparaison Matthieu 20, 1-16

S'ils ne s'étaient pas comparés aux journaliers recrutés à la fin du jour et payés le même prix qu'eux, ceux du matin, payés le prix convenu d'avance, auraient trouvé leur sort tout à fait enviable ce jour-là. Mais leur coup d'œil, qui compare et fait les comptes là où n'y a pas à les faire, ruine tout et les voilà aigris. Et si nous acceptions que les choses de Dieu échappent à la comparaison ? ■

Jean-Marc Liautaud, *Fondacio*

JEUDI 19 AOÛT 2021

20E SEMAINE DU TEMPS ORDINAIRE COULEUR LITURGIQUE : VERT

Temps ordinaire, *suggestion d'oraisons et d'antiennes n° 8*
ou **saint Jean Eudes,** *voir p. 147*

Antienne d'ouverture

Le Seigneur est mon appui :
il m'a dégagé, m'a donné du large,
il m'a libéré, car il m'aime.
(Ps 17, 19-20)

Prière

Fais que les événements du monde, Seigneur, se déroulent dans la paix, selon ton dessein, et que ton peuple connaisse la joie de te servir sans inquiétude. Par Jésus Christ… ***— Amen.***

Lecture

du livre des Juges (11, 29-39a)

« La première personne qui sortira de ma maison, je l'offrirai en sacrifice d'holocauste »

En ces jours-là, Jephté était un vaillant guerrier. L'Esprit du Seigneur s'empara de lui, et il traversa les pays de Galaad et Manassé, et Mispa de Galaad. De là il passa la frontière des fils d'Ammone. Jephté fit alors ce vœu au Seigneur : « Si tu livres les fils d'Ammone entre mes mains, la première personne qui sortira de ma maison pour venir à ma

rencontre quand je reviendrai victorieux appartiendra au Seigneur, et je l'offrirai en sacrifice d'holocauste. » Jephté passa chez les fils d'Ammone pour les attaquer, et le Seigneur les livra entre ses mains. Il les battit depuis Aroër jusqu'à proximité de Minnith et jusqu'à Abel-Keramim, soit le territoire de vingt villes. Ce fut une très grande défaite, et les fils d'Ammone durent se soumettre aux fils d'Israël. Lorsque Jephté revint à Mispa, comme il arrivait à sa maison, voici que sa fille sortit à sa rencontre en dansant au son des tambourins. C'était son unique enfant; en dehors d'elle, il n'avait ni fils ni fille. Dès qu'il l'aperçut, il déchira ses vêtements et s'écria : « Hélas, ma fille, tu m'accables ! C'est toi qui fais mon malheur ! J'ai parlé trop vite devant le Seigneur, et je ne peux pas reprendre ma parole. » Elle lui répondit : « Mon père, tu as parlé trop vite devant le Seigneur, traite-moi donc selon ta parole, puisque maintenant le Seigneur t'a vengé de tes ennemis, les fils d'Ammone. » Et elle ajouta : « Je ne te demande qu'une chose : laisse-moi un répit de deux mois. J'irai dans les montagnes pour pleurer ma virginité avec mes amies. » Il lui dit : « Va ! » Et il la laissa partir pour deux mois. Elle s'en alla donc, avec ses amies, dans la montagne, et pleura sa virginité. Les deux mois écoulés, elle revint vers son père, et il accomplit à son égard le vœu qu'il avait prononcé.

– Parole du Seigneur.

Psaume 39 (40)

℟ ***Me voici, Seigneur, je viens faire ta volonté.***

Heureux est l'homme
qui met sa foi dans le Seigneur
et ne va pas du côté des violents,
dans le parti des traîtres. ℟

Tu ne voulais ni offrande ni sacrifice,
tu as ouvert mes oreilles ;
tu ne demandais ni holocauste ni victime,
alors j'ai dit : « Voici, je viens. ℟

« Dans le livre, est écrit pour moi
ce que tu veux que je fasse.
Mon Dieu, voilà ce que j'aime :
ta loi me tient aux entrailles. » ℟

J'annonce la justice
dans la grande assemblée ;
vois, je ne retiens pas mes lèvres,
Seigneur, tu le sais. ℟

Acclamation de l'Évangile

Alléluia. Alléluia. Aujourd'hui, ne fermez pas votre cœur, mais écoutez la voix du Seigneur. ***Alléluia.***

Évangile de Jésus Christ

selon saint Matthieu (22, 1-14)

« Tous ceux que vous trouverez, invitez-les à la noce »

En ce temps-là, Jésus se mit de nouveau à parler aux grands prêtres et aux anciens du peuple, et il leur dit en paraboles : « Le royaume des Cieux est comparable à un roi qui célébra les noces de son fils. Il envoya ses serviteurs appeler à la noce les invités, mais ceux-ci ne voulaient pas

venir. Il envoya encore d'autres serviteurs dire aux invités : "Voilà : j'ai préparé mon banquet, mes bœufs et mes bêtes grasses sont égorgés; tout est prêt : venez à la noce." Mais ils n'en tinrent aucun compte et s'en allèrent, l'un à son champ, l'autre à son commerce; les autres empoignèrent les serviteurs, les maltraitèrent et les tuèrent. Le roi se mit en colère, il envoya ses troupes, fit périr les meurtriers et incendia leur ville. Alors il dit à ses serviteurs : "Le repas de noce est prêt, mais les invités n'en étaient pas dignes. Allez donc aux croisées des chemins : tous ceux que vous trouverez, invitez-les à la noce." Les serviteurs allèrent sur les chemins, rassemblèrent tous ceux qu'ils trouvèrent, les mauvais comme les bons, et la salle de noce fut remplie de convives.

« Le roi entra pour examiner les convives, et là il vit un homme qui ne portait pas le vêtement de noce. Il lui dit : "Mon ami, comment es-tu entré ici, sans avoir le vêtement de noce?" L'autre garda le silence. Alors le roi dit aux serviteurs : "Jetez-le, pieds et poings liés, dans les ténèbres du dehors; là, il y aura des pleurs et des grincements de dents."

« Car beaucoup sont appelés, mais peu sont élus. »

Prière sur les offrandes

C'est toi qui nous donnes, Seigneur, ce que nous t'offrons, pourtant tu vois dans notre offrande un geste d'amour; aussi te prions-nous avec confiance : puisque tes propres dons sont notre seule valeur, qu'ils fructifient pour nous en bonheur éternel. Par Jésus… ***— Amen.***

JEUDI 19 AOÛT 2021

Antienne de la communion
Je veux chanter au Seigneur tout le bien qu'il m'a fait ; je veux fêter ton nom, Dieu très-haut. (Ps 12, 6)
OU
« Je suis avec vous tous les jours, dit le Seigneur Jésus, jusqu'à la fin des temps. » (Mt 28, 20)

Prière après la communion
Tu nous as nourris, Seigneur, dans cette communion au mystère du salut ; et nous t'adressons encore une prière : par le sacrement qui est notre force aujourd'hui, fais-nous vivre avec toi pour l'éternité. Par Jésus…
— Amen.

INVITATION

En ce temps de vacances, je prie pour les enfants de mon entourage et les confie à Marie. Je pourrais écrire une lettre à l'un d'entre eux.

COMMENTAIRE

Heureux les invités

Matthieu 22, 1-14

Nul chrétien n'a mérité de l'être. C'est par une chance folle que nous nous trouvons invités à la table du Roi. Mais ce n'est pas une raison pour faire peu de cas de ce privilège. L'invité de l'histoire ne se fait pas éjecter parce qu'il est mal vêtu mais parce qu'il n'a rien à en dire. Que nous nous sentions rutilants ou pouilleux, sachons rendre compte de notre « habit intérieur » de baptisés ! ■

Jean-Marc Liautaud, *Fondacio*

Saint Jean Eudes

Couleur liturgique : blanc

1601-1680. Prédicateur hors pair, missionnaire infatigable, il fonda la congrégation des Eudistes et répandit la dévotion aux Sacrés-Cœurs de Jésus et de Marie.

Antienne d'ouverture

« L'Esprit du Seigneur est sur moi,
dit Jésus, parce que le Seigneur
m'a consacré par l'onction.
Il m'a envoyé porter la Bonne
Nouvelle aux pauvres, apporter
aux opprimés la libération. » (Lc 4, 18)

Prière

Dieu qui as choisi le prêtre saint Jean Eudes pour qu'il annonce l'incomparable richesse du Christ, accorde-nous de suivre son exemple et ses enseignements, afin de mieux te connaître et de vivre plus fidèles à la lumière de l'Évangile. Par Jésus Christ… ***— Amen.***

Prière sur les offrandes

Regarde, Seigneur, les offrandes déposées sur ton autel en l'honneur de saint Jean Eudes ; et comme par ces mystères bienheureux tu lui as donné la gloire du ciel, accorde-nous l'abondance de ton pardon. Par Jésus… ***— Amen.***

Antienne de la communion

« Je suis avec vous tous les jours,
dit le Seigneur Jésus,
jusqu'à la fin des temps. »
(Mt 28, 20)

Prière après la communion

Que cette communion à tes mystères, Seigneur, nous achemine vers les joies éternelles que saint Jean Eudes put obtenir en te servant fidèlement. Par Jésus… ***— Amen.***

VENDREDI 20 AOÛT 2021

20E SEMAINE DU TEMPS ORDINAIRE COULEUR LITURGIQUE : BLANC

Saint Bernard

XIIe siècle. Moine de Cîteaux, abbé de Clairvaux, « arbitre de l'Europe », conseiller des papes et des rois, mais aussi homme de prière et grand mystique. Docteur de l'Église.

Antienne d'ouverture

Saint Bernard a reçu la bénédiction du Seigneur ;
il a trouvé grâce devant Dieu son Sauveur,
car il appartient à la race de ceux qui cherchent Dieu.
(cf. Ps 23, 5-6)

Prière

Seigneur, tu as voulu que saint Bernard, rempli d'amour pour ton Église, soit dans ta maison la lampe qui brûle et qui éclaire ; accorde-nous, par son intercession, la même ferveur de l'esprit, afin de vivre comme des fils de la lumière. Par Jésus Christ… **— *Amen.***

Lecture

du livre de Ruth (1, 1. 3-6. 14b-16. 22)

« Noémi revint avec sa belle-fille, Ruth la Moabite. Elles arrivèrent à Bethléem »

À l'époque où gouvernaient les Juges, il y eut une famine dans le pays. Un homme de Bethléem de Juda émigra avec sa femme et ses deux fils pour s'établir dans la région appelée Champs-de-Moab. Élimélek, le mari de Noémi, mourut, et Noémi resta seule avec ses deux fils, Mahlone et Kilyone. Ceux-ci épousèrent deux Moabites ; l'une s'appelait Orpa

(c'est-à-dire : Volte-face) et l'autre, Ruth (c'est-à-dire : Compagne). Ils demeurèrent là une dizaine d'années. Mahlone et Kilyone moururent à leur tour, et Noémi resta privée de ses deux fils et de son mari. Alors, avec ses belles-filles, elle se prépara à quitter les Champs-de-Moab et à retourner chez elle, car elle avait appris que le Seigneur avait visité son peuple et lui donnait du pain.
En cours de route, Orpa embrassa sa belle-mère et la quitta, mais Ruth restait attachée à ses pas. Noémi lui dit : « Tu vois, ta belle-sœur est retournée vers son peuple et vers ses dieux. Retourne, toi aussi, comme ta belle-sœur. » Ruth lui répondit : « Ne me force pas à t'abandonner et à m'éloigner de toi, car où tu iras, j'irai ; où tu t'arrêteras, je m'arrêterai ; ton peuple sera mon peuple*, et ton Dieu sera mon Dieu. » Noémi revint donc des Champs-de-Moab avec sa belle-fille, Ruth la Moabite. Elles arrivèrent à Bethléem au début de la moisson de l'orge.
– Parole du Seigneur.

Psaume 145 (146)

℟ ***Chante, ô mon âme, la louange du Seigneur !***
OU ***Alléluia !***

Heureux qui s'appuie sur le Dieu de Jacob,
qui met son espoir dans le Seigneur son Dieu,
lui qui a fait le ciel et la terre
et la mer et tout ce qu'ils renferment ! ℟

Il garde à jamais sa fidélité,
il fait justice aux opprimés,
aux affamés, il donne le pain ;
le Seigneur délie les enchaînés. ℟

Le Seigneur ouvre les yeux des aveugles,
le Seigneur redresse les accablés,
le Seigneur aime les justes,
le Seigneur protège l'étranger. ℟

Il soutient la veuve et l'orphelin,
il égare les pas du méchant.
D'âge en âge, le Seigneur régnera :
ton Dieu, ô Sion, pour toujours ! ℟

Acclamation de l'Évangile

Alléluia. Alléluia. Fais-moi connaître ta route, mon Dieu ; dirige-moi par ta vérité. ***Alléluia.***

Évangile de Jésus Christ

selon saint Matthieu (22, 34-40)

« Tu aimeras le Seigneur ton Dieu de tout ton cœur, et ton prochain comme toi-même »

En ce temps-là, les pharisiens, apprenant que Jésus avait fermé la bouche aux sadducéens, se réunirent, et l'un d'entre eux, un docteur de la Loi, posa une question à Jésus pour le mettre à l'épreuve : « Maître, dans la Loi, quel est le grand commandement ? » Jésus lui répondit : « *Tu aimeras le Seigneur ton Dieu de tout ton cœur, de toute ton âme et de tout ton esprit.* Voilà le grand, le premier commandement. Et le second lui est semblable : *Tu aimeras ton prochain comme toi-même.* De ces deux commandements dépend toute la Loi, ainsi que les Prophètes. »

Prière sur les offrandes

Nous te présentons, Seigneur tout-puissant, le sacrement de l'unité et de la paix, en ce jour où nous fêtons saint Bernard, lui qui travailla de toutes ses forces, par la parole et par l'action, à favoriser la paix de ton Église. Par Jésus… **– *Amen.***

Antienne de la communion

« Vraiment, dit le Seigneur,
vous qui avez tout quitté
pour me suivre, vous recevrez
le centuple et vous aurez en héritage
la vie éternelle. »
(Mt 19, 27-29)

Prière après la communion

Seigneur, fais-nous profiter de cette nourriture que nous avons reçue en la fête de saint Bernard : encouragés par ses exemples et guidés par ses conseils, nous serons saisis d'amour pour ton Verbe incarné. Lui qui… **– *Amen.***

INVITATION

En cette fête de saint Bernard, je prie pour toute la famille cistercienne.

COMMENTAIRE

Matthieu l'audacieux Matthieu 22, 34-40

Audace de Matthieu qui fait dire ici à Jésus que le commandement d'amour de Dieu et celui d'amour du prochain « comme soi-même » sont « homoia », c'est-à-dire « équivalents » ! Nous n'avons pas assez d'une vie de croyants pour réaliser le poids de cette affirmation et en vivre : l'amour de soi, l'amour de l'autre et l'amour de Dieu sont étroitement liés. ■

Jean-Marc Liautaud, Fondacio

✲ CLÉ DE LECTURE

« Ton peuple sera mon peuple » Ruth 1, 16 *(p. 149)*

Le ravissant récit de Ruth la Moabite sert de texte de combat dans les polémiques qui ont opposé les Judéens après leur retour d'exil. Pendant 50 ans et plus, les paysans qui étaient restés là avaient épousé des femmes venues des peuples avoisinants, souvent des païennes idolâtres. La volonté de refonder une identité forte d'Israël autour de son Dieu conduit alors les dirigeants comme Esdras à condamner ces mariages et à demander le renvoi des femmes étrangères (Ne 13, 25). L'auteur de Ruth réagit avec force : une Moabite (d'un peuple ennemi) peut se révéler la plus fidèle des femmes d'Israël, épousant la foi et le destin du peuple de son époux. Les chrétiens choisiront en reconnaissant dans Ruth la Moabite une ancêtre de Jésus (Mt 1, 5). ■

Roselyne Dupont-Roc, bibliste

SAMEDI 21 AOÛT 2021

20E SEMAINE DU TEMPS ORDINAIRE COULEUR LITURGIQUE : BLANC

Saint Pie X

1835-1914. Intraitable défenseur de la foi, Joseph Sarto – élu pape en 1903 – remit à l'honneur la communion précoce et fréquente, ainsi que la musique sacrée.

15 - 21

Antienne d'ouverture

Prêtres du Seigneur, bénissez le Seigneur !
Saints et humbles de cœur, louez Dieu !

(Dn 3, 84. 87)

Prière

Seigneur, pour défendre la foi catholique, et fonder toutes choses dans le Christ, tu as comblé le pape saint Pie X de sagesse divine et de courage apostolique ; permets que, dociles à ses instructions et à ses exemples, nous obtenions l'éternelle récompense. Par Jésus Christ… ***— Amen.***

Lecture

du livre de Ruth (2, 1-3. 8-11 ; 4, 13-17)

« Noémi, le Seigneur ne t'a pas laissée sans quelqu'un pour te racheter ! Ruth enfanta un fils. Ce fut le père de Jessé, qui fut le père de David »

Noémi avait un parent du côté de son mari Élimélek ; c'était un riche propriétaire du même clan ; il s'appelait Booz. Ruth la Moabite dit à Noémi : « Laisse-moi aller glaner dans les champs, derrière celui aux yeux de qui je trouverai grâce. » Elle lui répondit : « Va, ma fille. » Ruth partit donc glaner dans les champs derrière les moissonneurs. Elle se

trouva par bonheur dans la parcelle d'un champ appartenant à Booz, du clan d'Élimélek.
Booz dit à Ruth : « Tu m'entends bien, n'est-ce pas, ma fille ? Ne va pas glaner dans un autre champ. Ne t'éloigne pas de celui-ci, mais attache-toi aux pas de mes servantes. Regarde dans quel champ on moissonne, et suis-les. N'ai-je pas interdit aux serviteurs de te molester ? Si tu as soif, va boire aux cruches ce que les serviteurs auront puisé. » Alors Ruth se prosterna face contre terre et lui dit : « Pourquoi ai-je trouvé grâce à tes yeux, pourquoi t'intéresser à moi, moi qui suis une étrangère ? » Booz lui répondit : « On m'a dit et répété tout ce que tu as fait pour ta belle-mère après la mort de ton mari, comment tu as quitté ton père, ta mère et le pays de ta parenté, pour te rendre chez un peuple que tu n'avais jamais connu de ta vie. »
Booz prit Ruth comme épouse, elle devint sa femme et il s'unit à elle. Le Seigneur lui accorda de concevoir, et elle enfanta un fils. Les femmes de Bethléem dirent à Noémi : « Béni soit le Seigneur qui aujourd'hui ne t'a pas laissée sans quelqu'un pour te racheter ! Que son nom soit célébré en Israël ! Cet enfant te fera revivre, il sera l'appui de ta vieillesse : il est né de ta belle-fille qui t'aime, et qui vaut mieux pour toi que sept fils. » Noémi prit l'enfant, le mit sur son sein, et se chargea de l'élever. Les voisines lui donnèrent son nom. Elles disaient : « Il est né un fils à Noémi. » Et elles le nommèrent Obed. Ce fut le père de Jessé, qui fut le père de David.
– Parole du Seigneur.

Psaume 127 (128)

℟ ***Voilà comment sera béni l'homme qui craint le Seigneur.***

Heureux qui craint le Seigneur
et marche selon ses voies !
Tu te nourriras du travail de tes mains :
Heureux es-tu ! À toi, le bonheur ! ℟

Ta femme sera dans ta maison
comme une vigne généreuse,
et tes fils, autour de la table,
comme des plants d'olivier. ℟

Voilà comment sera béni
l'homme qui craint le Seigneur.
De Sion, que le Seigneur te bénisse !
Tu verras le bonheur de Jérusalem
tous les jours de ta vie. ℟

Acclamation de l'Évangile

Alléluia. Alléluia. Vous n'avez qu'un seul Père, celui qui est aux cieux ; vous n'avez qu'un seul maître, le Christ. ***Alléluia.***

Évangile de Jésus Christ

selon saint Matthieu (23, 1-12)

« Ils disent et ne font pas »

En ce temps-là, Jésus s'adressa aux foules et à ses disciples, et il déclara : « Les scribes et les pharisiens enseignent dans la chaire de Moïse. Donc, tout ce qu'ils peuvent vous dire, faites-le et observez-le. Mais n'agissez pas d'après leurs actes, car ils disent et ne font pas. Ils

attachent de pesants fardeaux, difficiles à porter, et ils en chargent les épaules des gens ; mais eux-mêmes ne veulent pas les remuer du doigt. Toutes leurs actions, ils les font pour être remarqués des gens : ils élargissent leurs phylactères et rallongent leurs franges ; ils aiment les places d'honneur dans les dîners, les sièges d'honneur dans les synagogues et les salutations sur les places publiques ; ils aiment recevoir des gens le titre de Rabbi. Pour vous, ne vous faites pas donner le titre de Rabbi, car vous n'avez qu'un seul maître pour vous enseigner, et vous êtes tous frères. Ne donnez à personne sur terre le nom de père, car vous n'avez qu'un seul Père, celui qui est aux cieux. Ne vous faites pas non plus donner le titre de maîtres, car vous n'avez qu'un seul maître, le Christ. Le plus grand parmi vous sera votre serviteur.
« Qui s'élèvera sera abaissé, qui s'abaissera sera élevé. »

Prière sur les offrandes

En ta bonté, Seigneur, accueille nos offrandes ; et donne-nous de suivre les leçons de saint Pie X, afin d'approcher avec respect de ces mystères divins, et d'y communier avec foi. Par Jésus… ***— Amen.***

Antienne de la communion

« Ma chair est la vraie nourriture,
dit le Seigneur,
et mon sang est la vraie boisson.
Celui qui mange ma chair
et boit mon sang
demeure en moi,
et moi je demeure en lui. »
(Jn 6, 55-56)

Prière après la communion

Fortifiés par ton eucharistie en cette fête de saint Pie X, nous te supplions, Seigneur notre Dieu : rends-nous fermes dans la foi, et tiens-nous unis dans ton amour. Par Jésus… ***— Amen.***

INVITATION

En cette fête de saint Pie X, j'ai une intention pour notre pape François.

COMMENTAIRE

La jauge du service

Matthieu 23, 1-12

Matthieu prône une Église de la fraternité et du service, en opposition à un système où certains profitent du statut que le « religieux » leur procure. Personne n'y exerce sur autrui une « paternité » (spirituelle ou autre). Nul ne s'y targue de diriger : le seul leader, c'est le Crucifié, qui a pris la place du serviteur. Voici la jauge de l'exercice de nos responsabilités dans la communauté. ■

Jean-Marc Liautaud, Fondacio

DIMANCHE 22 AOÛT 2021

21E DIMANCHE DU TEMPS ORDINAIRE

ANNÉE B COULEUR LITURGIQUE : VERT

© Catherine Chion

« Cette parole est rude ! Qui peut l'entendre ? » Toujours teintés d'amour et d'espérance, les enseignements du Christ ne sont pas pour autant des paroles mielleuses qui cherchent à plaire. Ce sont des mots de vérité parfois douloureuse à entendre. Malgré nos incompréhensions, nos doutes, proclamons les mots de Pierre : « Seigneur, tu as les paroles de la vie éternelle ! »

OUVERTURE DE LA CÉLÉBRATION

Chant d'entrée *(Suggestions p. 258)*

OU

Antienne d'ouverture

Écoute, Seigneur, réponds-moi. Sauve, ô mon Dieu, ton serviteur qui compte sur toi. Prends pitié de moi, Seigneur, toi que j'appelle tout le jour. (Ps 85, 1-3)

Suggestion de préparation pénitentielle *(ou p. 231)*

Par sa parole, le Christ invite tous les hommes à la conversion. Avec foi, tournons-nous vers lui et reconnaissons que nous sommes pécheurs.

Seigneur Jésus, tu écoutes les justes, tu es attentif à leurs cris. Kyrie eleison.

— Kyrie eleison.

Ô Christ, chaque jour tu veilles sur le juste, tu veilles sur chacun de ses os. Christe eleison.

— Christe eleison.

Seigneur, tu rachètes tes serviteurs, pas de châtiment pour qui trouve en toi son refuge. Kyrie eleison.

— Kyrie eleison.

Que Dieu tout-puissant nous fasse miséricorde ; qu'il nous pardonne nos péchés et nous conduise à la vie éternelle. ***— Amen.***

Gloire à Dieu *(p. 232)*

Prière

Dieu qui peux mettre au cœur de tes fidèles un unique désir, donne à ton peuple d'aimer ce que tu commandes et d'attendre ce que tu promets ; pour qu'au milieu des changements de ce monde, nos cœurs s'établissent fermement là où se trouvent les vraies joies. Par Jésus Christ… **– *Amen.***

LITURGIE DE LA PAROLE

Lecture du livre de Josué (24, 1-2a. 15-17. 18b)

« Nous voulons servir le Seigneur, car c'est lui notre Dieu »

En ces jours-là, Josué réunit toutes les tribus d'Israël à Sichem ; puis il appela les anciens d'Israël, avec les chefs, les juges et les scribes ; ils se présentèrent devant Dieu. Josué dit alors à tout le peuple : « S'il ne vous plaît pas de servir le Seigneur, choisissez aujourd'hui qui vous voulez servir : les dieux que vos pères servaient au-delà de l'Euphrate, ou les dieux des Amorites dont vous habitez le pays. Moi et les miens, nous voulons servir le Seigneur. » Le peuple répondit : « Plutôt mourir que d'abandonner le Seigneur pour servir d'autres dieux ! C'est le Seigneur notre Dieu qui nous a fait monter, nous et nos pères, du pays d'Égypte, cette maison d'esclavage ; c'est lui qui, sous nos yeux, a accompli

tous ces signes et nous a protégés tout le long du chemin que nous avons parcouru, chez tous les peuples au milieu desquels nous sommes passés. Nous aussi, nous voulons servir le Seigneur, car c'est lui notre Dieu. » – Parole du Seigneur.

Psaume 33 (34)

℟ ***Goûtez et voyez comme est bon le Seigneur !***

T. : AELF; M. : J.-P. Lécot; Éd. : ADF.

Je bénirai le Seigneur en tout temps,
sa louange sans cesse à mes lèvres.
Je me glorifierai dans le Seigneur :
que les pauvres m'entendent et soient en fête ! ℟

Le Seigneur regarde les justes,
il écoute, attentif à leurs cris.
Le Seigneur affronte les méchants
pour effacer de la terre leur mémoire. ℟

Retrouvez ce psaume sur le CD "Les psaumes de l'année B"

℟ ***Goûtez et voyez comme est bon le Seigneur !***
Malheur sur malheur pour le juste,
mais le Seigneur chaque fois le délivre.
Il veille sur chacun de ses os :
pas un ne sera brisé. ℟

Le mal tuera les méchants ;
ils seront châtiés d'avoir haï le juste.
Le Seigneur rachètera ses serviteurs :
pas de châtiment pour qui trouve en lui son refuge. ℟

Lecture de la lettre de saint Paul apôtre aux Éphésiens (5, 21-32)

« Ce mystère est grand : je le dis en référence au Christ et à l'Église »

Frères, par respect pour le Christ, soyez soumis les uns aux autres ; les femmes, à leur mari, comme au Seigneur Jésus ; car, pour la femme, le mari est la tête, tout comme, pour l'Église, le Christ est la tête, lui qui est le Sauveur de son corps. Eh bien ! puisque l'Église se soumet au Christ, qu'il en soit toujours de même pour les femmes à l'égard de leur mari. Vous, les hommes, aimez votre femme à l'exemple du Christ : il a aimé l'Église, il s'est livré lui-même pour elle, afin de la rendre sainte en la purifiant par le bain de l'eau baptismale, accompagné d'une parole ; il voulait se la présenter à lui-même, cette Église, resplendissante, sans tache, ni ride, ni rien de tel ; il la voulait sainte et immaculée. C'est de la

même façon que les maris doivent aimer leur femme : comme leur propre corps. Celui qui aime sa femme s'aime soi-même. Jamais personne n'a méprisé son propre corps : au contraire, on le nourrit, on en prend soin. C'est ce que fait le Christ pour l'Église, parce que nous sommes les membres de son corps. Comme dit l'Écriture : *À cause de cela, l'homme quittera son père et sa mère, il s'attachera à sa femme, et tous deux ne feront plus qu'un.* Ce mystère est grand : je le dis en référence au Christ et à l'Église. – Parole du Seigneur.

Acclamation de l'Évangile

Alléluia. Alléluia. Tes paroles, Seigneur, sont esprit et elles sont vie. Tu as les paroles de la vie éternelle. ***Alléluia.***

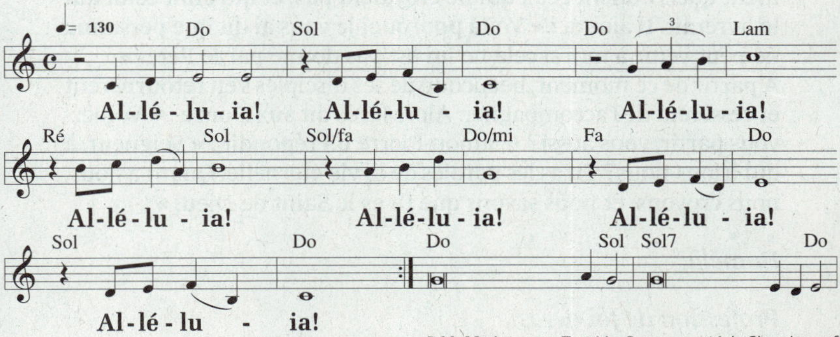

P 20-22; Artemas; T. et M. : Communauté du Chemin neuf.

Évangile de Jésus Christ selon saint Jean (6, 60-69)

« Seigneur, à qui irions-nous ? Tu as les paroles de la vie éternelle »

En ce temps-là, Jésus avait donné un enseignement dans la synagogue* de Capharnaüm. Beaucoup de ses disciples, qui avaient entendu, déclarèrent : « Cette parole est rude ! Qui peut l'entendre ? » Jésus savait en lui-même que ses disciples récriminaient à son sujet. Il leur dit : « Cela vous scandalise ? Et quand vous verrez le Fils de l'homme monter là où il était auparavant !… C'est l'esprit qui fait vivre, la chair n'est capable de rien. Les paroles que je vous ai dites sont esprit et elles sont vie. Mais il y en a parmi vous qui ne croient pas. » Jésus savait en effet depuis le commencement quels étaient ceux qui ne croyaient pas, et qui était celui qui le livrerait. Il ajouta : « Voilà pourquoi je vous ai dit que personne ne peut venir à moi si cela ne lui est pas donné par le Père. »
À partir de ce moment, beaucoup de ses disciples s'en retournèrent et cessèrent de l'accompagner. Alors Jésus dit aux Douze : « Voulez-vous partir, vous aussi ? » Simon-Pierre lui répondit : « Seigneur, à qui irions-nous ? Tu as les paroles de la vie éternelle. Quant à nous, nous croyons, et nous savons que tu es le Saint de Dieu. »

Homélie

Profession de foi *(p. 233)*

Suggestion de prière universelle

Le prêtre :

Par sa parole de vie, le Christ vient redonner espoir à tous les habitants de la terre. À Dieu son Père, confions toutes nos prières.

℟ ***Dieu de toute grâce, viens à notre secours.***

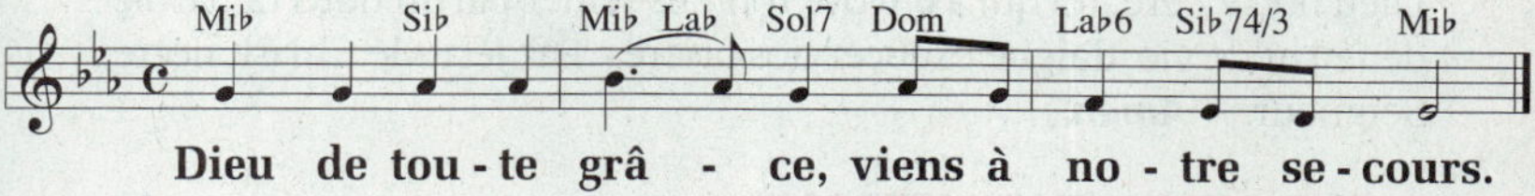

Bayard Liturgie; T. : D. Lang; M. : G. Notebaert.

Le diacre ou un lecteur :

En tout temps, l'Église est appelée à se réformer. Avec le pape François, demandons à Dieu qu'elle puise, dans le Saint-Esprit, la force de s'ouvrir toujours plus à la Bonne Nouvelle. Ensemble, prions. ℟

Les valeurs de l'Évangile peuvent être source d'inspiration pour nos États. Demandons à Dieu, pour nos gouvernants, qu'ils puisent dans la Bonne Nouvelle des idées de solidarité. Ensemble, prions. ℟

Parfois, les paroles du Christ sont difficiles à entendre. Demandons à Dieu, pour ceux qui souffrent, la grâce de persévérer dans la foi, malgré les difficultés de leur chemin. Ensemble, prions. ℟

Le Christ a les paroles de la vie éternelle. Demandons à Dieu, pour notre communauté réunie en ce lieu, d'être un joyeux témoin des paroles de foi, de vie, d'espérance de la Bonne Nouvelle. Ensemble, prions. ℟

(Ces intentions seront adaptées ou modifiées selon les circonstances.)

Le prêtre :

Dieu notre Père, toi qui a envoyé ton Fils semer parmi nous ta parole de feu et de vie, daigne exaucer nos prières. Par Jésus le Christ, notre Seigneur. ***– Amen.***

LITURGIE EUCHARISTIQUE

Prière sur les offrandes

Par l'unique sacrifice de la Croix, tu t'es donné, Père très bon, un peuple de fils ; accorde-nous, dans ton Église, la grâce de l'unité et de la paix. Par Jésus… ***– Amen.***

Prière eucharistique *(Préfaces des dimanches, p. 237)*

Chant de communion *(Suggestions p. 258)*

OU

Antienne de la communion

Seigneur, tu as créé de quoi rassasier le monde entier :
tu fais produire à la terre le pain, et le vin qui réjouit le cœur des hommes. (cf. Ps 103, 13-15)

OU

« Qui mange ma chair et boit mon sang
a la vie éternelle, dit le Seigneur,
et moi, je le ressusciterai au dernier jour. »
(Jn 6, 54)

Prière après la communion

Que ta miséricorde, Seigneur, agisse en nous et nous guérisse entièrement ; transforme-nous, par ta grâce, et rends-nous si généreux que nous puissions te plaire en toute chose. Par Jésus…

— Amen.

CONCLUSION DE LA CÉLÉBRATION

Bénédiction

Envoi

COMMENTAIRE DU DIMANCHE

Père Tommy Scholtes, jésuite, *Prions en Église* Belgique

Il faut choisir

Il y a deux proverbes ou expressions que nous utilisons souvent : « Choisir, c'est renoncer », ou encore « Il n'y a pas le choix ». La vie nous met en permanence devant ces réalités aux enjeux parfois grands et parfois moins, mais avec, toujours, le même exercice du choix. La première lecture l'évoque déjà : choisir entre les dieux et Dieu. Le Seigneur est le fondement de notre histoire, le protecteur qui nous ouvre au chemin de la vie et de la liberté. Saint Paul l'évoque autrement. Par exemple, dans le couple, pas de soumission de la femme à l'homme et l'homme n'y est pas le tenant-lieu du Christ. Mais tous deux lui sont soumis et ils sont aussi soumis l'un à l'autre – et comprenons la soumission comme un infini respect l'un à l'autre dans un esprit de parfaite égalité. Choisir le Christ comme unique ou commune référence pour l'un

et l'autre conduit à un chemin d'humilité réciproque qui, en fait, fait grandir chacun.
Et c'est là que toute notre vie se profile comme une succession de choix à vivre en nous laissant conduire intérieurement par l'intelligence du cœur. En effet, Dieu nous attire et nous instruit jour après jour par sa parole, par ses sacrements, par nos rencontres fraternelles, par nos solidarités vécues au nom de l'Évangile. C'est là que nous découvrons comme l'Esprit nous fait vivre et nous fait faire nos choix. Nous ne nous appelons pas Pierre mais, en même temps, nous sommes tous disciples à notre façon et nous pouvons faire le choix de nous laisser enseigner par Jésus, pain et parole de vie.
Dans nos choix, nous ne sommes pas seuls.

Quand j'ai des choix à faire, quels sont les critères que j'utilise ?

Dieu peut-il m'aider à faire mes choix ? ■

LIRE L'ÉVANGILE AVEC LES ENFANTS

CE QUE JE DÉCOUVRE

Dur, dur d'être disciple de Jésus ! Il faut avouer que ce n'est pas facile de comprendre que « boire le sang de Jésus » et « manger son corps » fait vivre. **Tous les disciples ne comprennent pas** que Jésus va partager sa vie d'une autre manière, après sa mort et sa résurrection. Certains vont le croire sans forcément tout comprendre tout de suite. D'autres vont faire demi-tour et cesser d'accompagner Jésus. **La foi est un don. Elle est donnée par le Père.**

CE QUE JE VIS

Dans la vie, quelles paroles sont pour toi dures à entendre ?
Quelles sont tes paroles préférées de Jésus ?
Si tu as gardé dans ton cœur une parole qui te rend triste, confie-la vite à Jésus.

Texte : P. Pierre-Marie Leroy. Illustrations : Marcelino Truong

MÉDITATION BIBLIQUE

21E DIMANCHE DU TEMPS ORDINAIRE

Psaume 33 (34)

Rendre grâce

Dans la relation que nous vivons avec Dieu, nos sens spirituels sont sollicités. Ils permettent à notre humanité d'entendre, de toucher, de goûter et de voir la bonté et l'amour du Père.

Le temps de la préparation

« Oui, la vie s'est manifestée, nous l'avons vue, et nous rendons témoignage. » (1 Jn 1, 2)

Le temps de l'observation

Le psaume 33 (34) est une action de grâce. Dans des versets non retenus par la liturgie, le psalmiste explique que Dieu a entendu sa supplique et l'a délivré de toutes ses frayeurs. Ici, il précise que seuls les pauvres peuvent partager sa joie et la gratitude qui en résulte. Car leur pauvreté, qui les conduit à tout attendre du Seigneur, les met en consonance avec le propos du psalmiste, eux qui ne se fient ni à eux-mêmes ni aux puissants mais s'abritent en Dieu. De son expérience, le priant tire des conclusions qui dépassent sa propre personne. Ce qu'il a vécu est valable **...**

…pour les « craignant-Dieu » et les justes, c'est-à-dire pour ceux qui consentent à se situer à leur vraie place de créatures conscientes de la grandeur de Dieu et de leur propre petitesse. Cela étant, il ne décolle pas de la réalité. Il sait que les épreuves s'abattent sur le juste, que ce dernier est affronté aux méchants, dérangés par sa « justice » (Sg 1).

Le temps de la méditation

Ce psaume nous rejoint dans notre humanité taraudée par la question de l'amour de Dieu. Peut-être pensons-nous que s'il était réellement bon, il nous épargnerait l'épreuve ? Quoi qu'il en soit, si nous ne nous rappelons pas avoir été « délivrés », rien ne nous empêche d'implorer Dieu de nous faire vivre ce type d'expérience propre à réjouir le cœur et à nous transformer en êtres d'action de grâce et de partage qui goûtent la bonté de Dieu. Ce vécu demande à ne pas être gardé pour soi mais à être l'occasion d'un témoignage. À l'époque du psalmiste, le croyant exaucé rendait grâce dans l'assemblée, réunie pour le culte, de ce que Dieu l'avait visité. Que Dieu regarde, écoute, soit attentif, qu'il veille et nous rachète vaut bien de le bénir et de dépasser la peur d'être taxés de naïveté. Sans oublier que ces bénédictions ponctuelles sont appelées à devenir une attitude du cœur constante, puisqu'il s'agit de bénir « en tout temps ».

Le temps de la prière

« Je bénirai le Seigneur en tout temps, sa louange sans cesse à mes lèvres. » Ps 33 (34), 2 ■

Sœur Emmanuelle Billoteau,
ermite

LE SAINT DU MOIS

SAINTE ROSE DE LIMA (1586-1617)

[23 AOÛT SAINTE ROSE DE LIMA]

Première sainte d'Amérique

Lorsque Isabel Flores de Oliva (très tôt surnommée Rose par ses proches) naquit à Lima (Pérou) à la fin du XVIe siècle. La ville fondée par le conquistador Francisco Pizarro était dominée par les colons espagnols, venus s'y enrichir sans retenue. Cet appât du gain se traduisait par une cruauté généralisée à l'égard des autochtones, descendants des Incas.

Tout comme l'archevêque saint Turibe de Mogrovejo qui lui conféra le sacrement de confirmation en 1597, la petite Rose sut faire éclore la bonne nouvelle de l'Évangile dans cet univers matérialiste et sans pitié. À l'image de sainte Catherine de Sienne qu'elle •••

© Gaëtan Evrard

••• avait prise pour modèle, elle rejeta tous les projets de mariage élaborés par ses parents et, en 1606, revêtit l'habit des tertiaires dominicaines. Dès lors, sa vie s'organisa autour du triptyque « charité, prière, pénitence ». Elle transforma ainsi une pièce de la maison familiale en une petite infirmerie, où elle recevait et prenait soin des enfants abandonnés, des malades, des vieillards. De plus, Rose se fit bâtir un modeste ermitage au fond du potager de ses parents : elle y demeurait de longues heures, se livrant à l'oraison et à de rudes mortifications. La jeune femme était en effet mue par le désir intense d'imiter le Christ et d'offrir ses souffrances pour le salut des pécheurs. Favorisée de grâces mystiques, elle n'en gardait pas moins le sens pratique, effectuant des travaux de couture pour subvenir aux besoins de sa famille.

Affaiblie par les privations, Rose de Lima mourut en 1617, à l'âge de 31 ans. En 1671, elle fut canonisée par le pape Clément X, devenant ainsi la première « fleur de sainteté » du Nouveau Monde. Le rayonnement de cette jeune femme pieuse, généreuse et humble de cœur, n'a pas cessé : dernièrement encore, elle figurait parmi les saints patrons des Journées Mondiales de la Jeunesse de Madrid, en 2011, puis de Panama, en 2019. ■

Xavier Lecœur,
journaliste et historien

UN SAINT POUR AUJOURD'HUI

Dans l'esprit de l'ermitage de sainte Rose de Lima, chacun de nous peut aménager, dans sa maison ou son appartement, un « coin prière » (avec une croix, une statuette, une icône, une bougie...) où il lui sera possible de se retrouver régulièrement seul, en silence, face à Dieu.

LUNDI 23 AOÛT 2021

21E SEMAINE DU TEMPS ORDINAIRE COULEUR LITURGIQUE : VERT

Temps ordinaire, *suggestion d'oraisons et d'antiennes n° 9*
ou **sainte Rose de Lima,** *voir p. 180*

Antienne d'ouverture

Regarde-moi, Seigneur, et prends pitié de moi,
car je suis seul et misérable ;
vois ma misère et ma peine, enlève tous mes péchés.
(Ps 24, 16. 18)

Prière

Seigneur notre Père, nous en appelons à ta providence qui jamais ne se trompe en ses desseins : tout ce qui fait du mal, écarte-le, et donne-nous ce qui peut nous aider. Par Jésus Christ… ***— Amen.***

Lecture

de la première lettre de saint Paul apôtre aux Thessaloniciens (1, 1-5. 8b-10)

« Vous vous êtes convertis à Dieu en vous détournant des idoles, afin d'attendre des cieux son Fils qu'il a ressuscité »

Paul, Silvain et Timothée, à l'Église de Thessalonique qui est en Dieu le Père et dans le Seigneur Jésus Christ. À vous, la grâce et la paix. À tout moment, nous rendons grâce à Dieu au sujet de vous tous, en faisant mémoire de vous dans nos prières. Sans cesse, nous nous souvenons que votre foi est active, que votre charité se donne de la peine, que

votre espérance tient bon en notre Seigneur Jésus Christ, en présence de Dieu notre Père. Nous le savons, frères bien-aimés de Dieu, vous avez été choisis par lui. En effet, notre annonce de l'Évangile n'a pas été, chez vous, simple parole, mais puissance, action de l'Esprit Saint, pleine certitude : vous savez comment nous nous sommes comportés chez vous pour votre bien. La nouvelle de votre foi en Dieu s'est si bien répandue partout que nous n'avons pas besoin d'en parler. En effet, les gens racontent, à notre sujet, l'accueil que nous avons reçu chez vous ; ils disent comment vous vous êtes convertis à Dieu en vous détournant des idoles, afin de servir le Dieu vivant et véritable, et afin d'attendre des cieux son Fils qu'il a ressuscité d'entre les morts, Jésus, qui nous délivre de la colère qui vient.

– Parole du Seigneur.

Psaume 149

℟ ***Le Seigneur aime son peuple !***
OU ***Alléluia !***

Chantez au Seigneur un chant nouveau,
louez-le dans l'assemblée de ses fidèles !
En Israël, joie pour son créateur ;
dans Sion, allégresse pour son Roi ! ℟

Dansez à la louange de son nom,
jouez pour lui, tambourins et cithares !
Car le Seigneur aime son peuple,
il donne aux humbles l'éclat de la victoire. ℟

Que les fidèles exultent, glorieux,
criant leur joie à l'heure du triomphe.
Qu'ils proclament les éloges de Dieu :
c'est la fierté de ses fidèles. ℟

Acclamation de l'Évangile

Alléluia. Alléluia. Mes brebis écoutent ma voix, dit le Seigneur ; moi, je les connais, et elles me suivent. ***Alléluia.***

Évangile de Jésus Christ

selon saint Matthieu (23, 13-22)

« Malheureux êtes-vous, guides aveugles »

En ce temps-là, Jésus disait : « Malheureux êtes-vous, scribes et pharisiens hypocrites, parce que vous fermez à clé le royaume des Cieux devant les hommes ; vous-mêmes, en effet, n'y entrez pas, et vous ne laissez pas entrer* ceux qui veulent entrer ! Malheureux êtes-vous, scribes et pharisiens hypocrites, parce que vous parcourez la mer et la terre pour faire un seul converti, et quand c'est arrivé, vous faites de lui un homme voué à la géhenne, deux fois pire que vous !

« Malheureux êtes-vous, guides aveugles, vous qui dites : “Si l'on fait un serment par le Sanctuaire, il est nul ; mais si l'on fait un serment par l'or du Sanctuaire, on doit s'en acquitter.” Insensés et aveugles ! Qu'est-ce qui est le plus important : l'or ? ou bien le Sanctuaire qui consacre cet or ? Vous dites encore : “Si l'on fait un serment par l'autel, il est nul ; mais si l'on fait un serment par l'offrande posée sur l'autel, on doit s'en acquitter.” Aveugles ! Qu'est-ce qui est le plus important : l'offrande ? ou bien l'autel qui consacre cette offrande ? Celui donc qui fait un serment par l'autel fait un serment par l'autel et par tout ce qui est posé dessus ; celui qui fait un serment par le Sanctuaire fait un serment par le Sanctuaire et par Celui qui l'habite ; et celui qui fait un serment par le ciel fait un serment par le trône de Dieu et par Celui qui siège sur ce trône. »

Prière sur les offrandes

Confiants dans ton amour, Seigneur, nous venons à ton autel avec nos offrandes : puissions-nous, par un effet de ta grâce, être purifiés dans l'eucharistie que nous célébrons. Par Jésus… ***— Amen.***

Antienne de la communion

Je t'appelle, mon Dieu,
car tu peux me répondre :
écoute-moi ! Entends ce que je dis.
(Ps 16, 6)

OU

« Vraiment, dit le Seigneur,
tout ce que vous demanderez
dans la prière, croyez que vous l'avez
déjà reçu, cela vous sera accordé. »
(Mc 11, 23-24)

Prière après la communion

Guide-nous, Seigneur, par ton Esprit, toi qui nous as donné le corps et le sang de ton Fils : accorde-nous de te rendre témoignage, non seulement avec des paroles, mais aussi par nos actes ; et nous pourrons entrer dans le royaume des Cieux. Par Jésus…
— Amen.

INVITATION

En cette fête de Rose de Lima *(lire p. 173)*, je prie avec les peuples latino-américains.

NFANTS DANS LEUR VIE DE FOI

S'informer sur les gestes et rites de l'Église

À chaque numéro :

- un atelier pour aider à prier ;
- l'explication d'un geste ou d'un objet de la liturgie ;
- la messe décryptée ;
- une lecture d'œuvre d'art ;
- un chant à découvrir.

L'ordinaire de la messe + une carte de Saint + une prière à détacher

Visuels non contractuels

Animer un temps spirituel

Chaque semaine sur *prionseneglise.fr*, rubrique « En famille », retrouvez *les ateliers spi du mercredi* avec un podcast ou une vidéo, une activité manuelle, un chant et une prière.

COMMENTAIRE

Un regard de prière 1 Thessaloniciens 1, 1-5. 8b-10

Paul entretient une relation chaleureuse avec les Thessaloniciens, irriguée par la prière d'action de grâce pour ce qu'ils sont. Et l'on peut supposer que ce climat de prière impacte le regard de Paul, lui permettant de discerner, par-delà les apparences et les « ratés » inévitables de l'existence, leur « foi active », leur « charité qui se donne de la peine » et leur espérance qui « tient bon ». Une invitation à nous demander comment la prière influence notre regard sur autrui. ■

Sœur Emmanuelle Billoteau, *ermite*

❊ CLÉ DE LECTURE

« Vous ne laissez pas entrer » Matthieu 23, 14 *(p. 177)*

Ces « constats de malheur » contre les scribes et les pharisiens sont écrits après les événements de 70, à une époque où le judaïsme se reconstitue autour de la Loi et où les chrétiens qui viennent du judaïsme sont chassés des synagogues comme apostats par les rabbis responsables. En retour, l'évangéliste fustige les Juifs qui les excluent. Mais le texte de Matthieu peut aussi viser d'autres pratiques de légalisme rigide et d'exclusion pour des motifs de non-conformité aux règles qui se mettent en place. Les responsables chrétiens à leur tour peuvent devenir des guides obsédés par une vision étroite de la Loi et de la règle, où le geste et le rite deviennent idoles tandis qu'est oubliée la miséricorde infinie de celui qu'on prétend honorer. ■

Roselyne Dupont-Roc, *bibliste*

Sainte Rose de Lima

Couleur liturgique : blanc

1586-1617. Première sainte des Amériques. Dans sa ville natale de Lima (Pérou), cette tertiaire dominicaine se consacra à la prière, aux mortifications et au service des pauvres.

Antienne d'ouverture

Par sa vie entièrement consacrée
à Dieu, sainte Rose de Lima
a mérité d'entendre cet appel :
« Viens, épouse du Christ,
reçois pour toujours la couronne
que le Seigneur t'a préparée. »

Prière

Dieu qui as inspiré à sainte Rose de Lima un si grand amour qu'elle a tout quitté pour s'attacher à toi seul dans une austère pénitence, accorde-nous, par son intercession, de suivre ici-bas les chemins de la vraie vie, pour goûter dans le ciel des joies inépuisables. Par Jésus Christ… ***— Amen.***

Prière sur les offrandes

Accepte, Seigneur, l'humble hommage que nous te présentons en la fête de sainte Rose de Lima ; et par ce sacrifice pur et parfait, fais-nous brûler d'amour en ta présence. Par Jésus…
— Amen.

Antienne de la communion

Sainte Rose, vigilante et fidèle,
a choisi la meilleure part :
elle ne lui sera pas enlevée.
(Lc 10, 42)

Prière après la communion

Déjà réconfortés par le pain du ciel, nous implorons ta bonté, Seigneur : en ce jour où nous célébrons la fête de sainte Rose de Lima, accorde-nous le pardon de nos fautes, donne à nos corps la santé, à nos âmes, ta grâce et la gloire sans fin. Par Jésus…
— Amen

MARDI 24 AOÛT 2021

COULEUR LITURGIQUE : ROUGE

Saint Barthélemy

Ier siècle. Un des douze Apôtres de Jésus.
On l'identifie à Nathanaël de l'évangile de saint Jean.

Antienne d'ouverture

Chantez au Seigneur, terre entière,
de jour en jour proclamez son salut ; racontez sa gloire aux nations païennes, à tous les peuples ses merveilles. (Ps 95, 1. 2. 3)

Gloire à Dieu *(p. 232)*

Prière

Fortifie en nous, Seigneur, la foi sincère qui unissait à ton Fils l'Apôtre saint Barthélemy ; et maintenant qu'il prie pour ton Église, fais qu'elle devienne pour tous les peuples le sacrement du salut. Par Jésus Christ… — ***Amen.***

22 - 28

Lectures propres à la fête de saint Barthélemy.

Lecture

de l'Apocalypse de saint Jean (21, 9b-14)

« Les fondations portaient les douze noms des douze Apôtres de l'Agneau »

Moi, Jean, j'ai vu un ange qui me disait : « Viens, je te montrerai la Femme, l'Épouse de l'Agneau. » En esprit, il m'emporta sur une grande et haute montagne ; il me montra la Ville sainte, Jérusalem, qui descendait du ciel, d'auprès de Dieu : elle avait en elle la gloire de Dieu ; son éclat

était celui d'une pierre très précieuse, comme le jaspe cristallin. Elle avait une grande et haute muraille, avec douze portes et, sur ces portes, douze anges ; des noms y étaient inscrits : ceux des douze tribus des fils d'Israël. Il y avait trois portes à l'orient, trois au nord, trois au midi, et trois à l'occident. La muraille de la ville reposait sur douze fondations portant les douze noms des douze Apôtres de l'Agneau. – Parole du Seigneur.

Psaume 144 (145)

℟ ***Que tes fidèles, Seigneur, disent la gloire de ton règne.***

Que tes œuvres, Seigneur, te rendent grâce
et que tes fidèles te bénissent !
Ils diront la gloire de ton règne,
ils parleront de tes exploits. ℟

Ils annonceront aux hommes tes exploits,
la gloire et l'éclat de ton règne :
ton règne, un règne éternel,
ton empire, pour les âges des âges. ℟

Le Seigneur est juste en toutes ses voies,
fidèle en tout ce qu'il fait.
Il est proche de ceux qui l'invoquent,
de tous ceux qui l'invoquent en vérité. ℟

Acclamation de l'Évangile

Alléluia. Alléluia. Rabbi, c'est toi le Fils de Dieu ! C'est toi le roi d'Israël ! ***Alléluia.***

Évangile de Jésus Christ

selon saint Jean (1, 45-51)

« Voici vraiment un Israélite : il n'y a pas de ruse en lui. »

En ce temps-là, Philippe trouve Nathanaël et lui dit : « Celui dont il est écrit dans la loi de Moïse et chez les Prophètes, nous l'avons trouvé : c'est Jésus fils de Joseph, de Nazareth. » Nathanaël répliqua : « De Nazareth peut-il sortir quelque chose de bon ? » Philippe répond : « Viens, et vois. » Lorsque Jésus voit Nathanaël venir à lui, il déclare à son sujet : « Voici vraiment un Israélite : il n'y a pas de ruse en lui. » Nathanaël lui demande : « D'où me connais-tu ? » Jésus lui répond : « Avant que Philippe t'appelle, quand tu étais sous le figuier, je t'ai vu. » Nathanaël lui dit : « Rabbi, c'est toi le Fils de Dieu ! C'est toi le roi d'Israël ! » Jésus reprend : « Je te dis que je t'ai vu sous le figuier, et c'est pour cela que tu crois ! Tu verras des choses plus grandes encore. » Et il ajoute : « Amen, amen, je vous le dis : vous verrez le ciel ouvert, et les anges de Dieu monter et descendre au-dessus du Fils de l'homme. »

Prière sur les offrandes

En célébrant la fête de l'Apôtre saint Barthélemy, Seigneur, nous te prions : par son assistance, accorde-nous tes bienfaits, puisque nous t'offrons en son honneur ce sacrifice de louange. Par Jésus… ***— Amen.***

Antienne de la communion
À ceux qui l'ont suivi, le Seigneur déclare : « Je dispose pour vous du Royaume comme mon Père en a disposé pour moi : vous mangerez et boirez à ma table dans mon Royaume. »
(Lc 22, 29-30)

Prière après la communion
Seigneur notre Dieu, en célébrant la fête de l'Apôtre saint Barthélemy, nous avons reçu le gage de notre salut éternel ; que cette communion nous soutienne aujourd'hui et toujours. Par Jésus…
— Amen.

INVITATION

Et si je relisais le chapitre 21 de l'Apocalypse dont est extraite la première lecture de la fête de saint Barthélemy ?

COMMENTAIRE

Foi d'Apôtre Apocalypse 21, 9b-14

La Jérusalem céleste, figure de l'Église en son accomplissement, repose sur la foi des Apôtres. D'où l'importance de revenir à leur enseignement, de le méditer, de le prier, de l'étudier, de le mettre en pratique. Sans oublier l'Ancien Testament et le fait que, « olivier sauvage », nous sommes greffés sur l'« olivier franc » qu'est Israël (Rm 11). N'est-ce pas ainsi que nous nous préparons à rayonner de cet éclat venu de l'intérieur qui est la présence même de Dieu en nous ? ■

Sœur Emmanuelle Billoteau, *ermite*

MERCREDI 25 AOÛT 2021

21E SEMAINE DU TEMPS ORDINAIRE COULEUR LITURGIQUE : VERT

Temps ordinaire, *suggestion d'oraisons et d'antiennes n° 10*
ou **saint Louis de France,** *voir p. 189*
ou **saint Joseph de Calasanz** *(en France : le 26 août)*

Antienne d'ouverture

Le Seigneur est ma lumière et mon salut,
qui pourrais-je craindre ?
Le Seigneur est le rempart de ma vie,
devant qui tremblerais-je ?
(Ps 26, 1-2)

Prière

Seigneur, source de tout bien, réponds sans te lasser à notre appel : inspire-nous ce qui est juste, aide-nous à l'accomplir. Par Jésus Christ… ***— Amen.***

Lecture

22 - 28

de la première lettre de saint Paul apôtre aux Thessaloniciens (2, 9-13)

« En travaillant nuit et jour, nous vous avons annoncé l'Évangile de Dieu »

Vous vous rappelez, frères, nos peines et nos fatigues : c'est en travaillant nuit et jour, pour n'être à la charge d'aucun d'entre vous, que nous vous avons annoncé l'Évangile de Dieu. Vous êtes témoins, et Dieu aussi, de notre attitude si sainte, si juste et irréprochable envers vous, les croyants. Et vous savez bien que nous avons été pour chacun de vous comme un père avec ses enfants : nous vous avons exhortés et

encouragés, nous vous avons suppliés d'avoir une conduite digne de Dieu, lui qui vous appelle à son Royaume et à sa gloire. Et voici pourquoi nous ne cessons de rendre grâce à Dieu : quand vous avez reçu la parole de Dieu que nous vous faisions entendre, vous l'avez accueillie pour ce qu'elle est réellement, non pas une parole d'hommes, mais la parole de Dieu qui est à l'œuvre en vous, les croyants.
– Parole du Seigneur.

Psaume 138 (139)

℟ ***Tu me scrutes, Seigneur, et tu sais !***

Où donc aller, loin de ton souffle ?
Où m'enfuir, loin de ta face ?
Je gravis les cieux : tu es là ;
je descends chez les morts : te voici. ℟

Je prends les ailes de l'aurore
et me pose au-delà des mers :
même là, ta main me conduit,
ta main droite me saisit. ℟

J'avais dit : « Les ténèbres m'écrasent ! »
mais la nuit devient lumière autour de moi.
Même la ténèbre pour toi n'est pas ténèbre,
et la nuit comme le jour est lumière ! ℟

Acclamation de l'Évangile

Alléluia. Alléluia. En celui qui garde la parole du Christ l'amour de Dieu atteint vraiment sa perfection. ***Alléluia***

Évangile de Jésus Christ

selon saint Matthieu (23, 27-32)

« Vous êtes bien les fils de ceux qui ont assassiné les prophètes »

En ce temps-là, Jésus disait : « Malheureux êtes-vous, scribes et pharisiens hypocrites, parce que vous ressemblez à des sépulcres blanchis à la chaux : à l'extérieur ils ont une belle apparence, mais l'intérieur est rempli d'ossements et de toutes sortes de choses impures. C'est ainsi que vous, à l'extérieur, pour les gens, vous avez l'apparence d'hommes justes, mais à l'intérieur vous êtes pleins d'hypocrisie et de mal.

« Malheureux êtes-vous, scribes et pharisiens hypocrites, parce que vous bâtissez les sépulcres des prophètes, vous décorez les tombeaux des justes, et vous dites : "Si nous avions vécu à l'époque de nos pères, nous n'aurions pas été leurs complices pour verser le sang des prophètes." Ainsi, vous témoignez contre vous-mêmes : vous êtes bien les fils de ceux qui ont assassiné les prophètes. Vous donc, mettez le comble à la mesure de vos pères ! »

Prière sur les offrandes

Seigneur notre Dieu, nous voulons te servir, regarde notre offrande : qu'elle soit agréable à tes yeux, et nous obtienne un accroissement de charité. Par Jésus…

— Amen.

Antienne de la communion

Je t'aime, Seigneur,
tu es ma force, toi, mon libérateur,
le rocher qui m'abrite,
tu es mon Dieu. (Ps 17, 3)

OU

Dieu est amour : celui qui demeure
dans l'amour demeure en Dieu,
et Dieu demeure en lui. (1 Jn 4, 16)

Prière après la communion

Dieu qui veux notre guérison, agis en nous par cette eucharistie : libère-nous de nos penchants mauvais, oriente notre vie vers le bien. Par Jésus…

— Amen.

INVITATION

Et si j'apportais mon soutien à une association qui œuvre pour les exclus ?

COMMENTAIRE

Un nouvel homme à naître — 1 Thessaloniciens 2, 9-13

La vie chrétienne est faite de « labeurs ». Paul parle de ses fatigues, tout comme il avait évoqué la « charité qui se donne de la peine » de ses correspondants. Alors ne nous étonnons pas des combats qui surviennent et sachons faire fond sur la parole de Dieu « à l'œuvre en nous les croyants » et dans le monde. Une parole efficace qui nous apprend à discerner ce qui est juste et contribue à faire naître en nous « l'homme nouveau créé, selon Dieu, dans la justice et la sainteté » (Ep 4, 24). ■

***Sœur Emmanuelle Billoteau**, ermite*

Saint Louis de France

Couleur liturgique : blanc

1214-1270. De son vivant même, le fils de Blanche de Castille était réputé pour sa piété, son sens de la justice et son souci des pauvres. Seul roi de France à avoir été canonisé.

Antienne d'ouverture

J'entre dans ta maison, Seigneur ;
j'adore dans ton temple saint
et je rends grâce à ton nom.
(Ps 5, 8 ; 137, 2)

Prière

Seigneur, tu as appelé saint Louis de la charge d'un royaume terrestre à la gloire du royaume des Cieux ; accorde-nous, par son intercession, de travailler à la venue de ton règne en accomplissant nos tâches temporelles. Par Jésus Christ… ***– Amen.***

Prière sur les offrandes

Dieu qui as rendu saint Louis admirable sur la terre et l'as glorifié dans le ciel, fais que nous brûlions comme lui de ton amour quand nous prenons place autour de l'autel pour t'offrir le sacrifice rédempteur. Par Jésus… ***– Amen.***

Antienne de la communion

Heureux qui pense au pauvre
et au faible : le Seigneur le sauve
au jour du malheur. (Ps 40, 2)

Prière après la communion

Dieu plein de bonté, tu as donné
à saint Louis un amour exemplaire
pour les pauvres ; permets que,
rénovés à la table eucharistique,
nous sachions, comme lui,
reconnaître et servir le Christ
dans les plus déshérités de nos frères.
Par Jésus… ***– Amen.***

JEUDI 26 AOÛT 2021

21E SEMAINE DU TEMPS ORDINAIRE COULEUR LITURGIQUE : VERT

Temps ordinaire, *suggestion d'oraisons et d'antiennes n° 11*
ou **saint Césaire d'Arles,** *voir p. 195*

Antienne d'ouverture

Écoute, Seigneur, je t'appelle.
Toi qui t'es fait mon protecteur, ne me quitte pas,
ne m'abandonne pas, Dieu, mon sauveur !
(Ps 26, 7. 9)

Prière

Dieu tout-puissant, force de ceux qui espèrent en toi, sois favorable à nos appels : puisque l'homme est fragile et que sans toi il ne peut rien, donne-nous toujours le secours de ta grâce ; ainsi nous pourrons, en observant tes commandements, vouloir et agir de manière à répondre à ton amour. Par Jésus Christ… — ***Amen.***

Lecture

de la première lettre de saint Paul apôtre aux Thessaloniciens (3, 7-13)

« Que le Seigneur vous donne, entre vous et à l'égard de tous, un amour de plus en plus intense et débordant »

Frères, nous sommes réconfortés grâce à vous au milieu de toutes nos difficultés et de notre détresse, à cause de votre foi. Et maintenant nous revivons, puisque vous autres, vous tenez bon dans le Seigneur. Comment pourrions-nous assez rendre grâce* à Dieu à votre sujet, pour toute la

joie que nous avons à cause de vous devant notre Dieu ? Nous le prions avec ardeur, jour et nuit, pour que nous puissions revoir votre visage et compléter ce qui manque à votre foi. Que Dieu lui-même, notre Père, et que notre Seigneur Jésus nous tracent le chemin jusqu'à vous. Que le Seigneur vous donne, entre vous et à l'égard de tous les hommes, un amour de plus en plus intense et débordant, comme celui que nous avons pour vous. Et qu'ainsi il affermisse vos cœurs, les rendant irréprochables en sainteté devant Dieu notre Père, lors de la venue de notre Seigneur Jésus avec tous les saints. Amen.
– Parole du Seigneur.

Psaume 89 (90)

℟ ***Rassasie-nous de ton amour, Seigneur : nous serons dans la joie.***

Tu fais retourner l'homme à la poussière ;
tu as dit : « Retournez, fils d'Adam ! »
À tes yeux, mille ans sont comme hier,
c'est un jour qui s'en va,
    une heure dans la nuit. ℟

Apprends-nous la vraie mesure de nos jours :
que nos cœurs pénètrent la sagesse.
Reviens, Seigneur, pourquoi tarder ?
Ravise-toi par égard pour tes serviteurs. ℟

Rassasie-nous de ton amour au matin,
que nous passions nos jours dans la joie
    et les chants.
Que vienne sur nous la douceur
    du Seigneur notre Dieu !
Consolide pour nous l'ouvrage
    de nos mains. ℟

Acclamation de l'Évangile

Alléluia. Alléluia. Veillez, tenez-vous prêts : c'est à l'heure où vous n'y pensez pas que le Fils de l'homme viendra. ***Alléluia.***

Évangile de Jésus Christ

selon saint Matthieu (24, 42-51)

« Tenez-vous donc prêts »

En ce temps-là, Jésus disait à ses disciples : « Veillez, car vous ne savez pas quel jour votre Seigneur vient. Comprenez-le bien : si le maître de maison avait su à quelle heure de la nuit le voleur viendrait, il aurait veillé et n'aurait pas laissé percer le mur de sa maison. Tenez-vous donc prêts, vous aussi : c'est à l'heure où vous n'y penserez pas que le Fils de l'homme viendra. Que dire du serviteur fidèle et sensé à qui le maître a confié la charge des gens de sa maison, pour leur donner la nourriture en temps voulu ? Heureux ce serviteur que son maître, en arrivant, trouvera en train d'agir ainsi ! Amen, je vous le déclare : il l'établira sur tous ses biens. Mais si ce mauvais serviteur se dit en lui-même : "Mon maître tarde", et s'il se met à frapper ses compagnons, s'il mange et boit avec les ivrognes, alors quand le maître viendra, le jour où son serviteur ne s'y attend pas et à l'heure qu'il ne connaît pas, il l'écartera et lui fera partager le sort des hypocrites ; là, il y aura des pleurs et des grincements de dents. »

Prière sur les offrandes

Tu as voulu que nous trouvions, Seigneur, dans les biens que nous te présentons les nourritures de cette vie et le sacrement d'une vie nouvelle ; fais que nos corps et nos âmes puissent toujours en bénéficier. Par Jésus… – ***Amen.***

Antienne de la communion

J'ai demandé une chose au Seigneur,
la seule que je cherche :
habiter la maison du Seigneur
tous les jours de ma vie.
(Ps 26, 4)

OU

Jésus priait ainsi : « Père très saint,
garde mes disciples dans la fidélité
à ton nom que tu m'as donné
en partage, pour qu'ils soient
un comme nous, dans l'amour. »
(Jn 17, 11)

Prière après la communion

Cette communion à tes mystères, Seigneur, préfigure l'union des fidèles en toi ; fais qu'elle serve à l'unité dans ton Église. Par Jésus… – ***Amen.***

INVITATION

En attendant le Maître, comment vais-je nourrir les « gens de sa maison » ? En donnant à une banque alimentaire, par exemple ?

COMMENTAIRE

Tiens bon! 1 Thessaloniciens 3, 7-13

Qu'est-ce que tenir bon dans le Seigneur, sinon ne pas se laisser ballotter à tout vent de doctrine et se fabriquer des idoles ? Bien plus, il s'agit autant que possible de vivre en cohérence avec l'enseignement de Jésus et de se laisser configurer à lui par l'Esprit de sainteté. Sans oublier que notre stabilité en lui a un impact sur le corps du Christ tout entier et au-delà, comme la stabilité des Thessaloniciens en a eu un sur Paul, puisqu'il se dit « revivre » et éprouver du réconfort. ■

***Sœur Emmanuelle Billoteau,** ermite*

❊ CLÉ DE LECTURE

« Rendre grâce » 1 Thessaloniciens 3, 9 *(p. 190)*

Voici le premier emploi du mot « eucharistie » dans le vocabulaire chrétien, puisque la lettre envoyée par Paul aux Thessaloniciens vers 49-50 précède de presque 20 ans l'évangile de Marc. Paul avait d'ailleurs ouvert la lettre par le verbe « nous rendons grâce ». C'est lui qui, avec Silas et Timothée, a fait connaître le don de Dieu, la grâce, aux nouveaux chrétiens de Thessalonique. Les voir tenir ferme dans la foi fait la joie des apôtres, mais plus encore : « Nous sommes vivants si vous tenez bon. » La foi fait vivre : elle se transmet et s'échange par la force de l'Esprit de consolation et d'encouragement (paraclet). Alors le don joyeux qui fait lever de nouveaux croyants peut remonter vers Dieu en « eucharistie », louange et action de grâce ! ■

***Roselyne Dupont-Roc,** bibliste*

Saint Césaire d'Arles *(en France)*

Couleur liturgique : blanc

VIe siècle. Moine de Lérins, puis évêque d'Arles pendant quarante ans, Césaire fut à la fois un grand homme de gouvernement et un excellent pasteur d'âmes.

Antienne d'ouverture

« Je prendrai soin de mon troupeau, dit le Seigneur ; je lui donnerai moi-même un berger pour le conduire. Et moi, le Seigneur, je serai leur Dieu. » (Ez 34, 11. 23-24)

Prière

Tu as donné, Seigneur, à saint Césaire d'Arles une grande aptitude pour enseigner au peuple ta parole ; daigne ouvrir nos cœurs au message qu'il nous a transmis avec fidélité et conviction. Par Jésus Christ… **— *Amen.***

Prière sur les offrandes

Regarde avec bonté, Seigneur, l'offrande que nous apportons à l'autel au jour où nous fêtons saint Césaire d'Arles ; en nous procurant ton pardon, qu'elle serve ta gloire. Par Jésus… **— *Amen.***

Antienne de la communion

« Ce n'est pas vous qui m'avez choisi, dit le Seigneur ; c'est moi qui vous ai choisis ; je vous ai mis à cette place afin que vous partiez, que vous donniez du fruit, et que votre fruit demeure. » (Jn 15, 16)

Prière après la communion

Que la puissance de cette eucharistie, Seigneur, produise en nous la plénitude de ses fruits en ce jour où nous fêtons saint Césaire d'Arles ; qu'elle nous apporte un secours pour cette vie mortelle et nous obtienne les joies du bonheur qui ne finit pas. Par Jésus… **— *Amen.***

VENDREDI 27 AOÛT 2021

21ᴱ SEMAINE DU TEMPS ORDINAIRE COULEUR LITURGIQUE : BLANC

Sainte Monique

IVᵉ siècle. Mère de saint Augustin. Sa prière, son exemple et son affection jouèrent un rôle dans la conversion de son fils. Elle mourut à Ostie, près de Rome.

Antienne d'ouverture

La femme qui craint le Seigneur est seule digne de louange ; ses enfants la bénissent, son mari fait son éloge. (cf. Pr 31, 30. 28)

Prière

Dieu très bon, réconfort de ceux qui pleurent, tu accueillais avec amour les larmes de sainte Monique pour la conversion de son fils Augustin ; accorde-nous, à la prière de la mère et du fils, de savoir pleurer nos péchés pour obtenir de toi le pardon. Par Jésus Christ… ***— Amen.***

Lecture

de la première lettre de saint Paul apôtre aux Thessaloniciens (4, 1-8)

« La volonté de Dieu, c'est que vous viviez dans la sainteté »

Frères, vous avez appris de nous comment il faut vous conduire pour plaire à Dieu ; et c'est ainsi que vous vous conduisez déjà. Faites donc de nouveaux progrès, nous vous le demandons, oui, nous vous en prions dans le Seigneur Jésus. Vous savez bien quelles instructions nous vous avons données de la part du Seigneur Jésus. La volonté de Dieu, c'est que vous viviez dans la sainteté*, en vous abstenant de la débauche, et en veillant chacun à rester maître de son corps dans un esprit de sainteté et

de respect, sans vous laisser entraîner par la convoitise comme font les païens qui ne connaissent pas Dieu. Dans ce domaine, il ne faut pas agir au détriment de son frère ni lui causer du tort, car de tout cela le Seigneur fait justice, comme nous vous l'avons déjà dit et attesté. En effet, Dieu nous a appelés, non pas pour que nous restions dans l'impureté, mais pour que nous vivions dans la sainteté. Ainsi donc celui qui rejette mes instructions, ce n'est pas un homme qu'il rejette, c'est Dieu lui-même, lui qui vous donne son Esprit Saint.
– Parole du Seigneur.

Psaume 96 (97)

℟ ***Que le Seigneur soit votre joie, hommes justes !***

Le Seigneur est roi ! Exulte la terre !
Joie pour les îles sans nombre !
Ténèbre et nuée l'entourent,
justice et droit sont l'appui de son trône. ℟

Les montagnes fondaient comme cire
devant le Seigneur,
devant le Maître de toute la terre.
Les cieux ont proclamé sa justice,
et tous les peuples ont vu sa gloire. ℟

Une lumière est semée pour le juste,
et pour le cœur simple, une joie.
Que le Seigneur soit votre joie, hommes justes ;
rendez grâce en rappelant
son nom très saint. ℟

Acclamation de l'Évangile

Alléluia. Alléluia. Restez éveillés et priez en tout temps : ainsi vous pourrez vous tenir debout devant le Fils de l'homme. ***Alléluia.***

Évangile de Jésus Christ

selon saint Matthieu (25, 1-13)

« Voici l'époux ! Sortez à sa rencontre »

En ce temps-là, Jésus disait à ses disciples cette parabole : « Le royaume des Cieux sera comparable à dix jeunes filles invitées à des noces, qui prirent leur lampe pour sortir à la rencontre de l'époux. Cinq d'entre elles étaient insouciantes, et cinq étaient prévoyantes : les insouciantes avaient pris leur lampe sans emporter d'huile, tandis que les prévoyantes avaient pris, avec leurs lampes, des flacons d'huile. Comme l'époux tardait, elles s'assoupirent toutes et s'endormirent. Au milieu de la nuit, il y eut un cri : "Voici l'époux ! Sortez à sa rencontre." Alors toutes ces jeunes filles se réveillèrent et se mirent à préparer leur lampe. Les insouciantes demandèrent aux prévoyantes : "Donnez-nous de votre huile, car nos lampes s'éteignent." Les prévoyantes leur répondirent : "Jamais cela ne suffira pour nous et pour vous, allez plutôt chez les marchands vous en acheter." Pendant qu'elles allaient en acheter, l'époux arriva. Celles qui étaient prêtes entrèrent avec lui dans la salle des noces, et la porte fut fermée. Plus tard, les autres jeunes filles arrivèrent à leur tour et dirent : "Seigneur, Seigneur, ouvre-nous !" Il leur répondit : "Amen, je vous le dis : je ne vous connais pas."

« Veillez donc, car vous ne savez ni le jour ni l'heure. »

Prière sur les offrandes

En te présentant, Seigneur, ce sacrifice pour fêter la mémoire de sainte Monique, nous t'adressons notre prière : qu'avec ton pardon il nous apporte le salut. Par Jésus… **— *Amen.***

Antienne de la communion

Le royaume des Cieux est comparable à un négociant qui recherche des perles fines. Ayant trouvé une perle de grande valeur, il va vendre tout ce qu'il possède, et il achète la perle.
(Mt 13, 45. 46)

Prière après la communion

Que cette eucharistie, Dieu tout-puissant, nous apporte lumière et ferveur en cette fête de sainte Monique : que nos cœurs brûlent toujours du désir de la sainteté, et que notre vie se passe à faire le bien. Par Jésus… **— *Amen.***

INVITATION

Aujourd'hui, je pourrais reprendre les mots de la prière d'ouverture : « Seigneur, apprends-moi comme sainte Monique à savoir pleurer mes péchés pour te demander pardon. »

COMMENTAIRE

Aller de l'avant 1 Thessaloniciens 4, 1-8

Paul invite les Thessaloniciens à progresser, c'est-à-dire à avancer. Ce qui suppose de ne pas se croire « arrivé » et dispensé du labeur incessant de la conversion. Et il ne s'agit pas ici d'une performance d'ordre moral, mais d'une réponse d'amour de plus en plus ajustée pour « plaire à Dieu ». L'Apôtre n'est-il pas le chantre du salut par la foi et non par les œuvres ? Celui qui a su oublier le chemin parcouru et aller de l'avant, tout tendu vers le Christ » (cf. Ph 3, 13) ? ■

***Sœur Emmanuelle Billoteau**, ermite*

❊ CLÉ DE LECTURE

« Dans la sainteté » 1 Thessaloniciens 4, 3 *(p. 196)*

Le maître-mot ici est la « sainteté », opposée à la « porneia », qu'il faut probablement traduire par « débauche » ; sans oublier que, dans la tradition juive de Paul, le mot évoque plus largement l'idolâtrie. Et clairement ici une idolâtrie de soi et de sa propre personne, au détriment du respect de soi-même et de l'autre, non seulement dans la débauche, mais dans le désir de domination et l'appât du gain. Or, la volonté de Dieu pour tous est qu'ils deviennent « saints » comme lui-même est saint. Dieu partage à tous son Esprit Saint, et la sainteté, aussi appelée purification, n'est autre que la participation à la vie divine, présence de l'Esprit qui fait l'honneur et la dignité de chaque être humain. L'abîmer, c'est porter atteinte à Dieu lui-même. ■

***Roselyne Dupont-Roc**, bibliste*

SAMEDI 28 AOÛT 2021

21E SEMAINE DU TEMPS ORDINAIRE COULEUR LITURGIQUE : BLANC

Saint Augustin d'Hippone

354-430. Converti à Milan en 387, évêque d'Hippone en 396, l'auteur des Confessions *et de* La Cité de Dieu *a exercé une influence majeure sur la théologie chrétienne.*

Antienne d'ouverture

Dans son Église, le Seigneur a donné la parole
à l'évêque saint Augustin ;
il l'a rempli de l'esprit de sagesse et d'intelligence,
il l'a revêtu de gloire. (cf. Si 15, 5)

Prière

Renouvelle, Seigneur, dans ton Église l'esprit dont tu as comblé l'évêque saint Augustin, pour que, remplis de ce même esprit, nous n'ayons soif que de toi, source de la vraie sagesse et ne cherchions que toi, auteur de l'éternel amour. Par Jésus Christ… ***— Amen.***

Lecture

de la première lettre de saint Paul apôtre aux Thessaloniciens (4, 9-11)

« Vous avez appris vous-mêmes de Dieu à vous aimer les uns les autres »

Frères, pour ce qui est de l'amour fraternel, vous n'avez pas besoin que je vous en parle dans ma lettre, car vous avez appris vous-mêmes de Dieu à vous aimer les uns les autres, et c'est ce que vous faites envers tous les frères de la province de Macédoine. Frères, nous vous encourageons à progresser encore : ayez à cœur de vivre calmement, de

22 - 28

vous occuper chacun de vos propres affaires* et de travailler de vos mains comme nous vous l'avons ordonné.
– Parole du Seigneur.

Psaume 97 (98)

℟ ***Il vient, le Seigneur, gouverner les peuples avec droiture.***

Chantez au Seigneur un chant nouveau,
car il a fait des merveilles ;
par son bras très saint, par sa main puissante,
il s'est assuré la victoire. ℟

Que résonnent la mer et sa richesse,
le monde et tous ses habitants ;
que les fleuves battent des mains,
que les montagnes chantent leur joie. ℟

Acclamez le Seigneur, car il vient
pour gouverner la terre,
pour gouverner le monde avec justice
et les peuples avec droiture ! ℟

Acclamation de l'Évangile

Alléluia. Alléluia. Je vous donne un commandement nouveau, dit le Seigneur : « Aimez-vous les uns les autres, comme je vous ai aimés. » ***Alléluia.***

Évangile de Jésus Christ

selon saint Matthieu (25, 14-30)

« Tu as été fidèle pour peu de choses, entre dans la joie de ton seigneur »

En ce temps-là, Jésus disait à ses disciples cette parabole : « Un homme qui partait en voyage appela ses serviteurs et leur confia ses biens. À l'un il remit une somme de cinq talents, à un autre deux talents, au

troisième un seul talent, à chacun selon ses capacités. Puis il partit. Aussitôt, celui qui avait reçu les cinq talents s'en alla pour les faire valoir et en gagna cinq autres. De même, celui qui avait reçu deux talents en gagna deux autres. Mais celui qui n'en avait reçu qu'un alla creuser la terre et cacha l'argent de son maître. Longtemps après, le maître de ces serviteurs revint et il leur demanda des comptes. Celui qui avait reçu cinq talents s'approcha, présenta cinq autres talents et dit : "Seigneur, tu m'as confié cinq talents ; voilà, j'en ai gagné cinq autres." Son maître lui déclara : "Très bien, serviteur bon et fidèle, tu as été fidèle pour peu de choses, je t'en confierai beaucoup ; entre dans la joie de ton seigneur." Celui qui avait reçu deux talents s'approcha aussi et dit : "Seigneur, tu m'as confié deux talents ; voilà, j'en ai gagné deux autres." Son maître lui déclara : "Très bien, serviteur bon et fidèle, tu as été fidèle pour peu de choses, je t'en confierai beaucoup ; entre dans la joie de ton seigneur." Celui qui avait reçu un seul talent s'approcha aussi et dit : "Seigneur, je savais que tu es un homme dur : tu moissonnes là où tu n'as pas semé, tu ramasses là où tu n'as pas répandu le grain. J'ai eu peur, et je suis allé cacher ton talent dans la terre. Le voici. Tu as ce qui t'appartient." Son maître lui répliqua : "Serviteur mauvais et paresseux, tu savais que je moissonne là où je n'ai pas semé, que je ramasse le grain là où je ne l'ai pas répandu. Alors, il fallait placer mon argent à la banque ; et, à mon retour, je l'aurais retrouvé avec les intérêts. Enlevez-lui donc son talent et donnez-le à celui qui en a dix. À celui qui a, on donnera encore, et il sera dans l'abondance ; mais celui qui n'a rien se verra enlever même ce qu'il a.

Quant à ce serviteur bon à rien, jetez-le dans les ténèbres extérieures ; là, il y aura des pleurs et des grincements de dents !" »

Prière sur les offrandes

En célébrant le mémorial de notre salut, nous te supplions, Seigneur : que le sacrement de ton amour soit pour nous le signe de l'unité et le lien de la charité. Par Jésus… — ***Amen.***

Antienne de la communion

« Vous n'avez qu'un seul Maître,
le Christ ; vous êtes tous frères »,
dit le Seigneur.
(Mt 23, 10. 8)

Prière après la communion

Que la participation à la table du Christ nous sanctifie, Seigneur ; afin que, membres de son corps, nous devenions vraiment ce que nous avons reçu. Par Jésus… — ***Amen.***

INVITATION

En cette fête de saint Augustin, je peux prier pour toutes les familles religieuses liées au saint d'Hippone.

COMMENTAIRE

Au calme

1 Thessaloniciens 4, 9-11

« Ayez à cœur de vivre calmement. » Peut-être pouvons-nous nous demander ce qui nous empêche de le faire, nous interroger sur ce qui nous « dérobe » notre paix. Car celle-ci est un fruit de l'Esprit qu'il est possible d'expérimenter même au cœur de la tourmente. Paul quant à lui se montre très pragmatique : « Vous occuper chacun de vos propres affaires et travailler… » Autant dire : « Fuyez l'oisiveté et recentrez-vous sur votre propre appel, tant au niveau spirituel qu'humain. » ■

***Sœur Emmanuelle Billoteau**, ermite*

❊ CLÉ DE LECTURE

« De vos propres affaires »

1 Thessaloniciens 4, 11 *(p. 202)*

La recommandation nous surprend : les chrétiens sont invités à « vivre calmement » en « s'occupant de leurs propres affaires ». La phrase ne se comprend qu'en lisant le verset suivant, malheureusement coupé par le texte liturgique : « Afin que votre conduite mérite le respect des gens du dehors. » Il ne s'agit donc pas d'un « chacun pour soi », mais au contraire d'un témoignage à porter au monde. Les membres de la minuscule Église chrétienne de Thessalonique restent encore proches de leur passé et de leur environnement païen. Ils doivent donc éviter de revenir à des conduites anciennes douteuses et de donner prise à la critique. Ils sont entrés dans une vie nouvelle qui doit manifester à tous l'amour fraternel et la paix de Dieu répandue sur eux. ■

***Roselyne Dupont-Roc**, bibliste*

DIMANCHE 29 AOÛT 2021

22E DIMANCHE DU TEMPS ORDINAIRE

ANNÉE B COULEUR LITURGIQUE : VERT

« C'est du dedans, du cœur de l'homme, que sortent les pensées perverses. » Au lavage de mains impures, le Christ préfère un sincère retour sur nous-mêmes. Non pas une inspection sans pitié, mais un constat serein et confiant de notre péché qui nous ouvre à l'accueil de la parole de Dieu semée en nous, et qui nous entraîne à soutenir tous les blessés de la vie.

OUVERTURE DE LA CÉLÉBRATION

Chant d'entrée *(Suggestions p. 258)*
OU
Antienne d'ouverture
Prends pitié de moi, Seigneur, toi que je supplie tout le jour ;
toi, tu es bon, tu pardonnes,
tu es plein d'amour pour tous ceux qui t'appellent. (Ps 85, 3. 5)

Suggestion de préparation pénitentielle *(ou p. 231)*
En ce dimanche où le Christ nous invite à la conversion, tournons-nous vers Dieu et, dans la confiance, reconnaissons notre péché.

Seigneur Jésus envoyé par le Père pour offrir au monde la Bonne Nouvelle de la vie, prends pitié de nous.
— Prends pitié de nous.

Ô Christ venu dans le monde appeler l'homme à s'ouvrir à la lumière de l'amour, prends pitié de nous,
— Prends pitié de nous.

Seigneur élevé dans la gloire où tu veilles et pries pour nous, prends pitié de nous.
— Prends pitié de nous.

Que Dieu tout-puissant nous fasse miséricorde ; qu'il nous pardonne nos péchés et nous conduise à la vie éternelle.
— Amen.

Gloire à Dieu *(p. 232)*

Prière
Dieu puissant, de qui vient tout don parfait, enracine en nos cœurs l'amour de ton nom ; resserre nos liens avec toi, pour développer ce qui est bon en nous ; veille sur nous avec sollicitude, pour protéger ce que tu as fait grandir. Par Jésus Christ… ***– Amen.***

LITURGIE DE LA PAROLE

Lecture du livre du Deutéronome (4, 1-2. 6-8)

« Vous n'ajouterez rien à ce que je vous ordonne… vous garderez les commandements du Seigneur »

Moïse disait au peuple : « Maintenant, Israël, écoute les décrets et les ordonnances que je vous enseigne pour que vous les mettiez en pratique. Ainsi vous vivrez, vous entrerez, pour en prendre possession, dans le pays que vous donne le Seigneur, le Dieu de vos pères. Vous n'ajouterez rien à ce que je vous ordonne, et vous n'y enlèverez rien, mais vous garderez les commandements du Seigneur votre Dieu tels que je vous les prescris. Vous les garderez, vous les mettrez en pratique ; ils seront votre sagesse et votre intelligence aux yeux de tous les peuples. Quand ceux-ci entendront parler de tous ces décrets, ils s'écrieront : "Il n'y a pas un peuple sage et intelligent comme cette grande nation !" Quelle est

en effet la grande nation dont les dieux soient aussi proches que le Seigneur notre Dieu est proche de nous chaque fois que nous l'invoquons ? Et quelle est la grande nation dont les décrets et les ordonnances soient aussi justes que toute cette Loi que je vous donne aujourd'hui ? »
– Parole du Seigneur.

Psaume 14 (15)

℟ ***Seigneur, qui séjournera sous ta tente ?***

T. : AELF ; M. : M. Wackenheim ; Éd. : ADF.

Celui qui se conduit parfaitement,
qui agit avec justice
et dit la vérité selon son cœur.
Il met un frein à sa langue. ℟

Retrouvez ce psaume sur le CD "Les psaumes de l'année B"

29 - 31

℟ ***Seigneur, qui séjournera sous ta tente ?***
Il ne fait pas de tort à son frère
et n'outrage pas son prochain.
À ses yeux, le réprouvé est méprisable
mais il honore les fidèles du Seigneur. ℟

Il ne reprend pas sa parole.
Il prête son argent sans intérêt,
n'accepte rien qui nuise à l'innocent.
Qui fait ainsi demeure inébranlable. ℟

Lecture de la lettre de saint Jacques (1, 17-18. 21b-22. 27)

« Mettez la Parole en pratique »

Mes frères bien-aimés, les présents les meilleurs, les dons parfaits, proviennent tous d'en haut, ils descendent d'auprès du Père des lumières, lui qui n'est pas, comme les astres, sujet au mouvement périodique ni aux éclipses. Il a voulu nous engendrer par sa parole de vérité, pour faire de nous comme les prémices de toutes ses créatures. Accueillez dans la douceur la Parole semée en vous ; c'est elle qui peut sauver vos âmes. Mettez la Parole en pratique, ne vous contentez pas de l'écouter : ce serait vous faire illusion. Devant Dieu notre Père, un comportement religieux pur et sans souillure, c'est de visiter les orphelins et les veuves dans leur détresse, et de se garder sans tache au milieu du monde. – Parole du Seigneur.

Acclamation de l'Évangile

Alléluia. Alléluia. Le Père a voulu nous engendrer par sa parole de vérité, pour faire de nous comme les prémices de toutes ses créatures. ***Alléluia.***

M. : P. Robert.

Évangile de Jésus Christ selon saint Marc (7, 1-8. 14-15. 21-23)

« Vous laissez de côté le commandement de Dieu, pour vous attacher à la tradition des hommes »

En ce temps-là, les pharisiens et quelques scribes, venus de Jérusalem, se réunissent auprès de Jésus, et voient quelques-uns de ses disciples prendre leur repas avec des mains impures, c'est-à-dire non lavées. — Les pharisiens en effet, comme tous les Juifs, se lavent toujours soigneusement les mains avant de manger,

par attachement à la tradition des anciens; et au retour du marché, ils ne mangent pas avant de s'être aspergés d'eau, et ils sont attachés encore par tradition à beaucoup d'autres pratiques : lavage de coupes, de carafes et de plats. Alors les pharisiens et les scribes demandèrent à Jésus : « Pourquoi tes disciples ne suivent-ils pas la tradition des anciens? Ils prennent leurs repas avec des mains impures. » Jésus leur répondit : « Isaïe a bien prophétisé à votre sujet, hypocrites, ainsi qu'il est écrit : *Ce peuple m'honore des lèvres, mais son cœur est loin de moi. C'est en vain qu'ils me rendent un culte; les doctrines qu'ils enseignent ne sont que des préceptes humains.* Vous aussi, vous laissez de côté le commandement de Dieu, pour vous attacher à la tradition des hommes. »
Appelant de nouveau la foule, il lui disait : « Écoutez-moi tous, et comprenez bien. Rien de ce qui est extérieur à l'homme et qui entre en lui ne peut le rendre impur. Mais ce qui sort de l'homme, voilà ce qui rend l'homme impur. » Il disait encore à ses disciples, à l'écart de la foule : « C'est du dedans, du cœur de l'homme, que sortent les pensées perverses : inconduites, vols, meurtres, adultères, cupidités, méchancetés, fraude, débauche, envie, diffamation, orgueil et démesure. Tout ce mal vient du dedans, et rend l'homme impur. »

Homélie

Profession de foi *(p. 233)*

Suggestion de prière universelle

Le prêtre :

D'un cœur animé par la parole de l'Évangile, confions au Christ notre prière, pour les femmes et les hommes de notre temps.

℟ ***Entends, Seigneur, la prière qui monte de nos cœurs.***

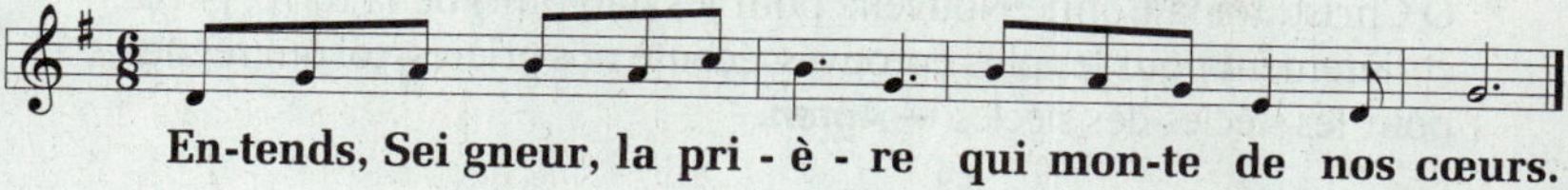

Bayard Liturgie.

Le diacre ou un lecteur :

« Mettez la Parole en pratique », nous dit l'Apôtre Jacques. Avec le pape François, prions pour l'Église, appelée à recevoir du Saint-Esprit la grâce de se réformer à la lumière de l'Évangile. D'un même cœur, prions le Seigneur. ℟

« Il a voulu nous engendrer par sa parole de vérité. » Prions pour les responsables de notre pays, invités à travailler au service de la vérité et de la dignité de tous. D'un même cœur, prions le Seigneur. ℟

« Un comportement pur, c'est de visiter les orphelins et les veuves dans la détresse. » Prions pour les étudiants, éprouvés par la crise sanitaire, qui débuteront bientôt une nouvelle année scolaire. D'un même cœur, prions le Seigneur. ℟

« Les présents les meilleurs proviennent d'en haut. » À l'aube de la rentrée, prions pour notre communauté rassemblée, appelée à grandir encore dans la ferveur et l'amour. D'un même cœur, prions le Seigneur. ℟

(Ces intentions seront adaptées ou modifiées selon les circonstances.)

Le prêtre :

Ô Christ, toi la Bonne Nouvelle pour les habitants de la terre, particulièrement pour les plus éprouvés, écoute nos prières, toi qui règnes pour les siècles des siècles. – ***Amen.***

LITURGIE EUCHARISTIQUE

Prière sur les offrandes

Que l'offrande eucharistique, Seigneur, nous apporte toujours la grâce du salut ; que ta puissance accomplisse elle-même ce que nous célébrons dans cette liturgie. Par Jésus… – ***Amen.***

Prière eucharistique *(Préface des dimanches p. 237)*

Chant de communion *(Suggestions p. 258)*

OU

Antienne de la communion

Qu'elle est grande, Seigneur,
ta bonté envers ceux qui t'adorent !

(Ps 30, 20)

ou
Heureux les artisans de paix :
ils seront appelés fils de Dieu !
Heureux ceux qui sont persécutés pour la justice :
le Royaume des cieux est à eux !
(Mt 5, 9-10)

Prière après la communion

Rassasiés par le pain de la vie, nous te prions, Seigneur : que cette nourriture fortifie l'amour en nos cœurs, et nous incite à te servir dans nos frères. Par Jésus… ***— Amen.***

CONCLUSION DE LA CÉLÉBRATION

Bénédiction

Envoi

COMMENTAIRE DU DIMANCHE

Père Emmanuel Schwab,
curé de la paroisse Saint-Léon, Paris (XVe)

La Parole au cœur

Ils ne sont pas les bienvenus, ces pharisiens qui viennent de Jérusalem pour imposer leurs nouvelles traditions aux Juifs de Galilée. Et ils se font vertement recevoir par Jésus.
Les commandements de Dieu visent à ce que l'homme vive en communion avec Dieu. Ils touchent à toutes les activités de l'homme, parce que toute sa vie est concernée par sa relation à Dieu. Mais il est bien facile d'ajouter à ces commandements des pratiques humaines censées en améliorer l'observance… tout en perdant de vue le sens spirituel qui y est attaché.
« Ce qui sort de l'homme, voilà ce qui rend l'homme impur », dit le Seigneur. Mais ce qui sort, n'est-ce pas aussi ce qui y est entré ? Comment y serait-ce présent sans y être d'abord introduit ? Que laissons-nous s'insinuer dans notre cœur ? Que regardons-nous ?

Qu'écoutons-nous ? Quelles pensées laissons-nous s'élaborer dans notre cœur ?
En termes de pureté rituelle, notre société n'est pas en reste, notamment dans le domaine sanitaire. Mais elle est peu regardante sur la pureté de cœur… « Accueillez dans la douceur la Parole semée en vous », nous rappelle saint Jacques. Les trois croix tracées sur le front, les lèvres et le cœur au moment de l'annonce de l'Évangile proclamé doivent nous inciter à accueillir ainsi la parole de Dieu. De nos oreilles à notre cœur, celle-ci a la puissance de nous purifier de l'intérieur.

Quel temps prends-je habituellement pour lire et méditer la parole de Dieu avec ma bible ?

Comment puis-je laisser cette « Parole semée en nous » purifier mes pensées et mes intentions ? ■

Prions en Église Junior

LIRE L'ÉVANGILE AVEC LES ENFANTS

CE QUE JE DÉCOUVRE

Jésus est très sévère avec les pharisiens et les scribes. Ils sont spécialistes de la religion juive et de ses règles. Ils sont souvent en train de surveiller si les gens suivent bien les règles comme le lavage des coupes et des plats. Et pour eux, il faut être bien propre pour pouvoir rencontrer Dieu. **Mais, pour Jésus, ce qui compte, ce n'est pas l'apparence, mais c'est le fond de notre cœur.** Ce qu'il faut « laver », ce sont nos paroles, nos pensées et nos actions.

CE QUE JE VIS

Fais-tu attention à ton apparence ?
et à celle des autres ?
Comment pourrais-tu faire attention
à l'apparence de ton cœur ?
Ferme les yeux, et dans un temps de silence, dis à Jésus que tu l'aimes très fort.

Texte : P. Cédric Kuntz. Illustrations : Marcelino Truong

MÉDITATION BIBLIQUE

22E DIMANCHE DU TEMPS ORDINAIRE

Deutéronome 4, 1-2. 6-8 ; Marc 7, 1-8. 14-15. 21-23

Où est-il, Dieu ?

Que cela soit dans le livre du Deutéronome ou dans l'Évangile, nous lisons aujourd'hui que Dieu est tout proche. Où et comment est-il présent dans notre vie ?

Le temps de la préparation

« Mettez la Parole en pratique, ne vous contentez pas de l'écouter : ce serait vous faire illusion. » (Jc 1, 22)

Le temps de l'observation

La Loi donnée par Dieu au mont Sinaï est un moyen pour ne pas s'éloigner de lui. Quel dieu est aussi proche que le Seigneur d'Israël ? Aucun. Car ce qui différencie le Dieu de la Bible des dieux étrangers c'est la proximité qu'il entretient avec le peuple. C'est cette absence de distance qui peut rendre les nations voisines d'Israël jalouses de ce Dieu. À sa façon, le texte souligne que le rapport à ce Dieu n'est pas réservé à quelques solennités ou événements rares de l'existence. La Loi de Dieu, qui met en œuvre et qui garantit cette proximité au Seigneur, concerne chaque moment, chaque acte de la ...

...vie ordinaire : la façon de manger, de se reposer, d'interagir en société. Chaque moment est l'occasion de mettre en pratique la proximité à Dieu qui est le grand sujet du peuple hébreu. En ce sens, les décrets et les ordonnances sont là pour que Dieu ne s'éloigne pas mais reste au cœur de la vie.

Le temps de la méditation

Cette proximité de Dieu chère à la Parole, Jésus la porte dans son cœur. C'est d'ailleurs pour attirer l'attention sur elle qu'il répond aux quelques pharisiens venus le mettre en difficulté. Il prend la parole pour interroger les habitudes de ces hommes de loi. La Loi, si elle ne vient pas rapprocher le croyant de son Dieu, ne sert à rien. C'est du dedans, du cœur de la personne que Dieu peut redevenir proche. Jésus invite ses interlocuteurs à regarder l'essentiel des pratiques religieuses. Il en montre l'importance et la relativité. Il appelle les pratiquants et les fidèles à ne se contenter d'aucun geste, d'aucune obéissance qui pourrait laisser croire que la pratique pourrait se jouer sans conscience ni présence. Dieu est présent au cœur de l'existence et c'est pour cela qu'il appartient aux croyants de le reconnaître. C'est cette prise de conscience qui change tout. C'est elle qui permet de vivre debout et de vivre en toute confiance.

Le temps de la prière

« Je garde le Seigneur devant moi sans relâche ; il est à ma droite : je suis inébranlable. »
Ps 15 (16), 8 ■

Marie-Laure Durand,
bibliste

LUNDI 30 AOÛT 2021

22E SEMAINE DU TEMPS ORDINAIRE COULEUR LITURGIQUE : VERT

Temps ordinaire, *suggestion d'oraisons et d'antiennes n° 12*

Antienne d'ouverture

**Le Seigneur est la force de son peuple,
le protecteur et le sauveur de ses fidèles. Sauve-nous, Seigneur,
veille sur nous, conduis-nous toujours.** (Ps 27, 8-9)

Prière

Fais-nous vivre à tout moment, Seigneur, dans l'amour et le respect de ton saint nom, toi qui ne cesses jamais de guider ceux que tu enracines solidement dans ton amour. Par Jésus Christ… **— *Amen.***

Lecture

de la première lettre de saint Paul apôtre aux Thessaloniciens (4, 13-18)

« Ceux qui se sont endormis, Dieu, par Jésus, les emmènera avec lui »

Frères, nous ne voulons pas vous laisser dans l'ignorance au sujet de ceux qui se sont endormis dans la mort ; il ne faut pas que vous soyez abattus comme les autres, qui n'ont pas d'espérance. Jésus, nous le croyons, est mort et ressuscité ; de même, nous le croyons aussi, ceux qui se sont endormis, Dieu, par Jésus, les emmènera avec lui.

Car, sur la parole du Seigneur, nous vous déclarons ceci : nous les vivants, nous qui sommes encore là pour la venue du Seigneur, nous

ne devancerons pas ceux qui se sont endormis. Au signal donné par la voix de l'archange, et par la trompette divine, le Seigneur lui-même descendra du ciel, et ceux qui sont morts dans le Christ ressusciteront d'abord. Ensuite, nous les vivants, nous qui sommes encore là, nous serons emportés sur les nuées du ciel, en même temps qu'eux, à la rencontre du Seigneur. Ainsi, nous serons pour toujours avec le Seigneur. Réconfortez-vous donc les uns les autres avec ce que je viens de dire. – Parole du Seigneur.

Psaume 95 (96)

℟ ***Il vient, le Seigneur, il vient pour juger la terre.***

Chantez au Seigneur un chant nouveau,
chantez au Seigneur, terre entière,
chantez au Seigneur et bénissez son nom ! ℟

De jour en jour, proclamez son salut,
racontez à tous les peuples sa gloire,
à toutes les nations ses merveilles ! ℟

Il est grand, le Seigneur, hautement loué,
redoutable au-dessus de tous les dieux :
néant, tous les dieux des nations ! ℟

Joie au ciel ! Exulte la terre !
Les masses de la mer mugissent,
la campagne tout entière est en fête. ℟

Les arbres des forêts dansent de joie
devant la face du Seigneur, car il vient,
car il vient pour juger la terre. ℟

Acclamation de l'Évangile

Alléluia. Alléluia. L'Esprit du Seigneur est sur moi : il m'a envoyé porter la Bonne Nouvelle aux pauvres. ***Alléluia.***

Évangile de Jésus Christ

selon saint Luc (4, 16-30)

« Il m'a envoyé porter la Bonne Nouvelle aux pauvres. Aucun prophète ne trouve un accueil favorable dans son pays »

En ce temps-là, Jésus vint à Nazareth, où il avait été élevé. Selon son habitude, il entra dans la synagogue le jour du sabbat, et il se leva pour faire la lecture. On lui remit le livre du prophète Isaïe. Il ouvrit le livre et trouva le passage où il est écrit : *L'Esprit du Seigneur est sur moi parce que le Seigneur m'a consacré par l'onction. Il m'a envoyé porter la Bonne Nouvelle aux pauvres, annoncer aux captifs leur libération, et aux aveugles qu'ils retrouveront la vue, remettre en liberté les opprimés, annoncer une année favorable accordée par le Seigneur.*

Jésus referma le livre, le rendit au servant et s'assit. Tous, dans la synagogue, avaient les yeux fixés sur lui. Alors il se mit à leur dire : « Aujourd'hui s'accomplit ce passage de l'Écriture que vous venez d'entendre. » Tous lui rendaient témoignage et s'étonnaient des paroles de grâce qui sortaient de sa bouche. Ils se disaient : « N'est-ce pas là le fils de Joseph ? » Mais il leur dit : « Sûrement vous allez me citer le dicton : "Médecin, guéris-toi toi-même", et me dire : "Nous avons appris tout ce qui s'est passé à Capharnaüm : fais donc de même ici dans ton lieu

d'origine !" » Puis il ajouta : « Amen, je vous le dis : aucun prophète ne trouve un accueil favorable dans son pays. En vérité, je vous le dis : Au temps du prophète Élie, lorsque pendant trois ans et demi le ciel retint la pluie, et qu'une grande famine se produisit sur toute la terre, il y avait beaucoup de veuves en Israël ; pourtant Élie ne fut envoyé vers aucune d'entre elles, mais bien dans la ville de Sarepta, au pays de Sidon, chez une veuve étrangère. Au temps du prophète Élisée, il y avait beaucoup de lépreux en Israël ; et aucun d'eux n'a été purifié, mais bien Naaman le Syrien. » À ces mots, dans la synagogue, tous devinrent furieux. Ils se levèrent, poussèrent Jésus hors de la ville, et le menèrent jusqu'à un escarpement de la colline où leur ville est construite, pour le précipiter en bas. Mais lui, passant au milieu d'eux, allait son chemin.

Prière sur les offrandes

Accepte, Seigneur, le sacrifice de louange et de pardon, afin que nos cœurs, purifiés par sa puissance, t'offrent un amour qui réponde à ton amour. Par Jésus…

— *Amen.*

Antienne de la communion

Tous ont les yeux sur toi, Seigneur,
ils espèrent,
et tu donnes à chacun sa nourriture.
(Ps 144, 15)

OU

Le Seigneur nous dit :
« Je suis le Bon Pasteur, et je donne ma vie pour mes brebis. »
(Jn 10, 11. 15)

Prière après la communion

Renouvelés par le corps et le sang de ton Fils, nous implorons ta bonté, Seigneur : fais qu'à jamais rachetés, nous possédions dans ton Royaume ce que nous célébrons en chaque eucharistie. Par Jésus… ***— Amen.***

INVITATION

Pour quels motifs ai-je rendu grâce ce mois-ci ?

COMMENTAIRE

Aujourd'hui

Luc 4, 16-30

« L'Écriture, c'est aujourd'hui. » Telle aurait pu être le titre de l'émission télé du Christ, s'il avait vécu de nos jours. Aujourd'hui. Bien entendu, notre foi s'inscrit dans une chaîne bimillénaire de témoins ayant porté à bras-le-corps la Bonne Nouvelle. Mais aujourd'hui encore, l'Écriture s'accomplit. Et le Christ souffle sa bonté, ici et maintenant, sur nos vies assombries par les maladies. ■

Père Thibault Van Den Driessche, assomptionniste

MARDI 31 AOÛT 2021

22ᴱ SEMAINE DU TEMPS ORDINAIRE COULEUR LITURGIQUE : VERT

Temps ordinaire, *suggestion d'oraisons et d'antiennes n° 13*

Antienne d'ouverture

Tous les peuples, battez des mains,
acclamez Dieu par vos cris de joie. (Ps 46, 2)

Prière

Tu as voulu, Seigneur, qu'en recevant ta grâce nous devenions des fils de lumière ; ne permets pas que l'erreur nous plonge dans la nuit, mais accorde-nous d'être toujours rayonnants de ta vérité. Par Jésus Christ… ***— Amen.***

Lecture

de la première lettre de saint Paul apôtre aux Thessaloniciens (5, 1-6. 9-11)

« Il est mort pour nous afin de nous faire vivre avec lui »

Pour ce qui est des temps et des moments de la venue du Seigneur, vous n'avez pas besoin, frères, que je vous en parle dans ma lettre. Vous savez très bien que le jour du Seigneur vient comme un voleur dans la nuit. Quand les gens diront : « Quelle paix ! quelle tranquillité ! », c'est alors que, tout à coup, la catastrophe s'abattra sur eux, comme les douleurs sur la femme enceinte : ils ne pourront pas y échapper. Mais vous, frères, comme vous n'êtes pas dans les ténèbres, ce jour ne vous surprendra pas comme un voleur. En effet, vous êtes tous des fils de la lumière, des fils du jour ;

nous n'appartenons pas à la nuit et aux ténèbres. Alors, ne restons pas endormis comme les autres, mais soyons vigilants et restons sobres. Car Dieu ne nous a pas destinés à subir la colère, mais à entrer en possession du salut par notre Seigneur Jésus Christ, mort pour nous afin de nous faire vivre avec lui, que nous soyons en train de veiller ou de dormir. Ainsi, réconfortez-vous mutuellement et édifiez-vous l'un l'autre, comme vous le faites déjà.
– Parole du Seigneur.

Psaume 26 (27)

℟ ***J'en suis sûr, je verrai les bontés du Seigneur sur la terre des vivants.***

Le Seigneur est ma lumière et mon salut ;
de qui aurais-je crainte ?
Le Seigneur est le rempart de ma vie ;
devant qui tremblerais-je ? ℟

J'ai demandé une chose au Seigneur,
la seule que je cherche :
habiter la maison du Seigneur
tous les jours de ma vie,
pour admirer le Seigneur dans sa beauté
et m'attacher à son temple. ℟

J'en suis sûr, je verrai les bontés du Seigneur
sur la terre des vivants.
« Espère le Seigneur,
sois fort et prends courage ;
espère le Seigneur. » ℟

Acclamation de l'Évangile

Alléluia. Alléluia. Un grand prophète s'est levé parmi nous, et Dieu a visité son peuple. ***Alléluia.***

Évangile de Jésus Christ

selon saint Luc (4, 31-37)

« Je sais qui tu es : tu es le Saint de Dieu »

En ce temps-là, Jésus descendit à Capharnaüm, ville de Galilée, et il y enseignait, le jour du sabbat. On était frappé par son enseignement car sa parole était pleine d'autorité. Or, il y avait dans la synagogue un homme possédé par l'esprit d'un démon impur, qui se mit à crier d'une voix forte : « Ah ! que nous veux-tu, Jésus de Nazareth ? Es-tu venu pour nous perdre ? Je sais qui tu es : tu es le Saint de Dieu. » Jésus le menaça : « Silence ! Sors de cet homme. » Alors le démon projeta l'homme en plein milieu et sortit de lui sans lui faire aucun mal. Tous furent saisis d'effroi et ils se disaient entre eux : « Quelle est cette parole ? Il commande avec autorité et puissance aux esprits impurs, et ils sortent ! » Et la réputation de Jésus se propageait dans toute la région.

Prière sur les offrandes

Dieu qui agis avec puissance dans tes sacrements, fais que le peuple assemblé pour te servir soit accordé à la sainteté de tes propres dons. Par Jésus… ***— Amen.***

Antienne de la communion
Bénis le Seigneur, ô mon âme, n'oublie aucun de ses bienfaits. (Ps 102, 2)
OU
Jésus priait ainsi : « Pour ceux qui croiront en moi, je te demande, Père, qu'ils soient un en nous, afin que le monde reconnaisse que tu m'as envoyé. » (Jn 17, 20-21)

Prière après la communion
Que le corps et le sang de Jésus Christ, offert en sacrifice et reçu en communion, nous donnent la vie, Seigneur : reliés à toi par une charité qui ne passera jamais, nous porterons des fruits qui demeurent. Par Jésus… ***— Amen.***

INVITATION

Je peux prier pour les enseignants et leurs élèves qui vivent leur rentrée cette semaine.

COMMENTAIRE

Espère le Seigneur Psaume 26

Une épidémie. Un accident. Une maladie. Un licenciement. Une injustice. Un divorce. Comme une buse fond sur sa proie, le malheur peut s'abattre sur nous sans crier gare. Avec son lot de questions : « Où es-tu, Seigneur ? M'as-tu abandonné ? » Dans la détresse, laissons-nous porter par les mots du psaume de ce jour : « Espère… prends courage ». Malgré l'adversité, au cœur de la tribulation, le Seigneur demeure lumière, salut, rempart. ■

***Père Thibault Van Den Driessche,** assomptionniste*

La liturgie de la messe

OUVERTURE DE LA CÉLÉBRATION

Chant d'entrée

S'il n'y a pas de chant d'entrée, on dit l'antienne d'ouverture.

Le prêtre et les fidèles, debout, se signent, tandis que le prêtre dit :
Au nom du Père, et du Fils, et du Saint-Esprit. Amen.

Salutation

(1) La grâce de Jésus notre Seigneur, l'amour de Dieu le Père et la communion de l'Esprit Saint, soient toujours avec vous.
— Et avec votre esprit.

(2) Le Seigneur soit avec vous.
— Et avec votre esprit.

(3) Que Dieu notre Père et Jésus Christ notre Seigneur vous donnent la grâce et la paix.
— Béni soit Dieu, maintenant et toujours !

Préparation pénitentielle

(1) ## *Je confesse à Dieu*

Je confesse à Dieu tout-puissant, je reconnais devant mes frères, que j'ai péché en pensée, en parole, par action et par omission; oui, j'ai vraiment péché. C'est pourquoi je supplie la Vierge Marie, les anges et tous les saints, et vous aussi, mes frères, de prier pour moi le Seigneur notre Dieu.

(2) Seigneur, accorde-nous ton pardon. — ***Nous avons péché contre toi.***
Montre-nous ta miséricorde. — ***Et nous serons sauvés.***

(3) Seigneur Jésus, envoyé par le Père pour guérir et sauver les hommes, prends pitié de nous. — ***Prends pitié de nous.***
Ô Christ, venu dans le monde appeler tous les pécheurs, prends pitié de nous. — ***Prends pitié de nous.***
Seigneur, élevé dans la gloire du Père où tu intercèdes pour nous, prends pitié de nous. — ***Prends pitié de nous.***

Que Dieu tout-puissant nous fasse miséricorde; qu'il nous pardonne nos péchés et nous conduise à la vie éternelle. — ***Amen.***

Si l'on a choisi la 1re ou la 2e formule, on dit:
Seigneur, prends pitié. — ***Seigneur, prends pitié.***
Ô Christ, prends pitié. — ***Ô Christ, prends pitié.***
Seigneur, prends pitié. — ***Seigneur, prends pitié.***

Gloire à Dieu

**Gloire à Dieu, au plus haut des cieux, et paix sur la terre aux hommes qu'il aime. Nous te louons, nous te bénissons, nous t'adorons, nous te glorifions, nous te rendons grâce, pour ton immense gloire, Seigneur Dieu, Roi du ciel, Dieu le Père tout-puissant.
Seigneur, Fils unique, Jésus Christ, Seigneur Dieu, Agneau de Dieu, le Fils du Père; toi qui enlèves le péché du monde, prends pitié de nous; toi qui enlèves le péché du monde, reçois notre prière; toi qui es assis à la droite du Père, prends pitié de nous.
Car toi seul es saint, toi seul es Seigneur, toi seul es le Très-Haut : Jésus Christ, avec le Saint-Esprit dans la gloire de Dieu le Père.
Amen.**

Gloria in excelsis Deo et in terra pax hominibus bonae voluntatis. Laudamus te, benedicimus te, adoramus te. Glorificamus te. Gratias agimus tibi propter magnam gloriam tuam, Domine Deus, Rex caelestis, Deus Pater omnipotens. Domine Fili unigenite, Jesu Christe. Domine Deus, Agnus Dei, Filius Patris. Qui tollis peccata mundi, miserere nobis. Qui tollis peccata mundi, suscipe deprecationem nostram; qui sedes ad dexteram Patris, miserere nobis. Quoniam tu solus sanctus, tu solus Dominus, tu solus Altissimus, Jesu Christe, cum Sancto Spiritu : in gloria Dei Patris. Amen.

Prière

Voir à la date du jour.

LITURGIE DE LA PAROLE

Voir à la date du jour.

Profession de foi

SYMBOLE DES APÔTRES

Je crois en Dieu, le Père tout-puissant, créateur du ciel et de la terre.

Et en Jésus Christ, son Fils unique, notre Seigneur,
qui a été conçu du Saint-Esprit, est né de la Vierge Marie,
a souffert sous Ponce Pilate, a été crucifié,
est mort et a été enseveli, est descendu aux enfers,
le troisième jour est ressuscité des morts, est monté aux cieux,
est assis à la droite de Dieu le Père tout-puissant,
d'où il viendra juger les vivants et les morts.

Je crois en l'Esprit Saint,
à la sainte Église catholique, à la communion des saints,
à la rémission des péchés, à la résurrection de la chair,
à la vie éternelle.

Amen.

Symbole de Nicée-Constantinople

Je crois en un seul Dieu, le Père tout-puissant,
créateur du ciel et de la terre, de l'univers visible et invisible.
Je crois en un seul Seigneur, Jésus Christ, le Fils unique de Dieu,
né du Père avant tous les siècles :
il est Dieu, né de Dieu, lumière, née de la lumière, vrai Dieu, né du vrai Dieu,
engendré, non pas créé, de même nature que le Père; et par lui tout a été fait.
Pour nous les hommes, et pour notre salut, il descendit du ciel;
par l'Esprit Saint, il a pris chair de la Vierge Marie, et s'est fait homme.
Crucifié pour nous sous Ponce Pilate,
il souffrit sa passion et fut mis au tombeau.
Il ressuscita le troisième jour, conformément aux Écritures,
et il monta au ciel; il est assis à la droite du Père.
Il reviendra dans la gloire, pour juger les vivants et les morts;
et son règne n'aura pas de fin.
Je crois en l'Esprit Saint, qui est Seigneur et qui donne la vie;
il procède du Père et du Fils;
avec le Père et le Fils, il reçoit même adoration et même gloire;
il a parlé par les prophètes.
Je crois en l'Église, une, sainte, catholique et apostolique.
Je reconnais un seul baptême pour le pardon des péchés.
J'attends la résurrection des morts, et la vie du monde à venir.
Amen.

Credo

Credo in unum Deum,
Patrem omnipotentem,
factorem caeli et terrae,
visibilium omnium et invisibilium.
Et in unum Dominum,
Jesum Christum,
Filium Dei unigenitum.
Et ex Patre natum ante omnia saecula.
Deum de Deo, lumen de lumine,
Deum verum de Deo vero.
Genitum non factum,
consubstantialem Patri,
per quem omnia facta sunt.
Qui propter nos homines,
et propter nostram salutem,
descendit de caelis.
Et incarnatus est de Spiritu Sancto
ex Maria Virgine,
et homo factus est.
Crucifixus etiam pro nobis sub Pontio
Pilato, passus, et sepultus est.
Et resurrexit tertia die,
secundum Scripturas.
Et ascendit in caelum,
sedet ad dexteram Patris.
Et iterum venturus est
cum gloria judicare vivos et mortuos;
cujus regni non erit finis.
Et in Spiritum Sanctum, Dominum,
et vivificantem :
qui ex Patre Filioque procedit;
Qui cum Patre et Filio
simul adoratur et conglorificatur :
qui locutus est per Prophetas.
Et unam sanctam catholicam
et apostolicam Ecclesiam.
Confiteor unum baptisma
in remissionem peccatorum.
Et expecto resurrectionem mortuorum,
et vitam venturi saeculi.

Amen.

Prière universelle

LITURGIE EUCHARISTIQUE

Préparation des dons

Tu es béni, Dieu de l'univers, toi qui nous donnes ce pain, fruit de la terre et du travail des hommes ; nous te le présentons : il deviendra le pain de la vie.

— Béni soit Dieu, maintenant et toujours !

Comme cette eau se mêle au vin pour le sacrement de l'Alliance, puissions-nous être unis à la divinité de Celui qui a pris notre humanité.

Tu es béni, Dieu de l'univers, toi qui nous donnes ce vin, fruit de la vigne et du travail des hommes ; nous te le présentons : il deviendra le vin du Royaume éternel. ***— Béni soit Dieu, maintenant et toujours !***

Humbles et pauvres, nous te supplions, Seigneur, accueille-nous : que notre sacrifice, en ce jour, trouve grâce devant toi.

Lave-moi de mes fautes, Seigneur, purifie-moi de mon péché.

Prions ensemble, au moment d'offrir le sacrifice de toute l'Église.

— Pour la gloire de Dieu et le salut du monde.

Prière sur les offrandes *Voir à la date du jour.*

Prière eucharistique

Le Seigneur soit avec vous. ***— Et avec votre esprit.***

Élevons notre cœur. ***— Nous le tournons vers le Seigneur.***

Rendons grâce au Seigneur notre Dieu. ***— Cela est juste et bon.***

Préfaces *(La numérotation des préfaces suit l'édition 1978 du Missel romain.)*

Les préfaces du mois d'août

5e préface des dimanches (24)

La création

Vraiment, il est juste et bon de te rendre gloire, de t'offrir notre action de grâce, toujours et en tout lieu, à toi, Père très saint, Dieu éternel et tout-puissant, à toi, Créateur de tous les éléments du monde, Maître des temps et de l'histoire. C'est toi qui as formé l'homme à ton image et lui as soumis l'univers et ses merveilles ; tu lui as confié ta création pour qu'en admirant ton œuvre il ne cesse de te rendre grâce par le Christ, notre Seigneur. C'est toi que la terre et le ciel, avec les anges et les archanges, ne cessent d'acclamer en chantant : ***Saint ! Saint ! Saint...***

6e préface des dimanches (25)

Les arrhes de la Pâque éternelle

Vraiment, il est juste et bon de te rendre gloire, Père très saint, Dieu éternel et tout-puissant de qui nous tenons la vie, la croissance et l'être. Dans cette existence de chaque jour que nous recevons de ta grâce, la vie éternelle est déjà commencée : nous avons reçu les premiers dons de l'Esprit par qui tu as ressuscité Jésus d'entre les morts, et nous vivons dans l'espérance que s'accomplisse en nous le mystère de Pâques. C'est pourquoi avec tous les anges du ciel, nous voulons te bénir et t'acclamer en (disant) chantant d'une seule voix : ***Saint ! Saint ! Saint...***

1re préface commune (28)

Rassemblement de toutes choses dans le Christ

Vraiment, il est juste et bon de te rendre gloire, de t'offrir notre action de grâce, toujours et en tout lieu, à toi, Père très saint, Dieu éternel et tout-puissant, par le Christ, notre Seigneur. En lui tu as voulu que tout soit rassemblé, et tu nous as fait partager la vie qu'il possède en plénitude : lui qui est vraiment Dieu, il s'est anéanti pour donner au monde la paix par le sang de sa croix ; élevé au-dessus de toute créature, il est maintenant le salut pour tous ceux qui écoutent sa parole. C'est pourquoi, avec les anges et tous les saints, nous proclamons ta gloire, en chantant (disant) d'une seule voix :

Saint ! Saint ! Saint...

2e préface commune *(29)*

Le salut par le Christ

Vraiment, il est juste et bon de te rendre gloire, de t'offrir notre action de grâce, toujours et en tout lieu, à toi, Père très saint, Dieu éternel et tout-puissant. Dans ta bonté, tu as créé l'homme, et, comme il avait mérité la condamnation, tu l'as racheté dans ta miséricorde, par le Christ, notre Seigneur. C'est par lui que les anges célèbrent ta grandeur, que les esprits bienheureux adorent ta gloire, que s'inclinent devant toi les puissances d'en haut, et tressaillent d'une même allégresse les innombrables créatures des cieux. À leur hymne de louange, laisse-nous joindre nos voix pour chanter et proclamer :

Saint ! Saint ! Saint...

2e préface de la Vierge Marie *(35)*

L'Église fait écho à l'action de grâce de Marie

Vraiment, Père très saint, il est bon de reconnaître ta gloire dans le triomphe de tes élus, et, pour fêter la Vierge Marie, de reprendre son cantique d'action de grâce : oui, tu as étendu ta miséricorde à tous les âges et révélé tes merveilles à la terre entière, en choisissant ton humble servante pour donner au monde un Sauveur, ton Fils, le Seigneur Jésus Christ. C'est par lui que les anges, assemblés devant toi, adorent ta gloire ; à leur hymne de louange, laisse-nous joindre nos voix pour chanter et proclamer :

Saint ! Saint ! Saint...

Les préfaces du mois d'août

1re préface des Apôtres *(36)*

Les Apôtres, bergers du peuple de Dieu

Vraiment, il est juste et bon de te rendre gloire, de t'offrir notre action de grâce, toujours et en tout lieu, à toi, Père très saint, Dieu éternel et tout-puissant. Tu n'abandonnes pas ton troupeau, Pasteur éternel, mais tu le gardes par les Apôtres sous ta constante protection ; tu le diriges encore par ces mêmes pasteurs qui le conduisent aujourd'hui au nom de ton Fils. Par lui, avec les anges et tous les saints, nous chantons l'hymne de ta gloire et sans fin nous proclamons :

Saint ! Saint ! Saint...

Préface des saints martyrs *(38)*

Signification et valeur exemplaire du martyre

Vraiment, il est juste et bon de te rendre gloire, de t'offrir notre action de grâce, toujours et en tout lieu, à toi, Père très saint, Dieu éternel et tout-puissant. Nous reconnaissons un signe éclatant de ta grâce dans le martyre de saint N. ; en donnant sa vie comme le Christ, il a glorifié ton nom : c'est ta puissance qui se déploie dans la faiblesse quand tu donnes à des êtres fragiles de te rendre témoignage par le Christ, notre Seigneur. C'est pourquoi, avec les anges dans le ciel, nous pouvons te bénir sur la terre et t'adorer en (disant) chantant :

Saint ! Saint ! Saint...

Préface des saints pasteurs *(39)*

Rôle des saints pasteurs à l'égard de l'Église

Vraiment, il est juste et bon de te rendre gloire, de t'offrir notre action de grâce, toujours et en tout lieu, à toi, Père très saint, Dieu éternel et tout-puissant, par le Christ, notre Seigneur. En célébrant aujourd'hui la fête de saint N., nous admirons ta sollicitude pour ton Église : par l'exemple qu'il a donné, tu nous encourages, par son enseignement, tu nous éclaires, à sa prière, tu veilles sur nous. C'est pourquoi, avec tous les anges et tous les saints, nous proclamons ta gloire en (disant) chantant : ***Saint ! Saint ! Saint...***

Préface des vierges et religieux *(40)*

Signification de la vie consacrée

Vraiment, il est juste et bon de te rendre gloire, de t'offrir notre action de grâce, toujours et en tout lieu, à toi, Père très saint, Dieu éternel et tout-puissant. Nous célébrons les prévenances de ton amour pour tant d'hommes et de femmes parvenus à la sainteté en se donnant au Christ à cause du royaume des cieux. Par ce mystère d'alliance, tu veux que notre condition humaine retrouve sa splendeur première, et que, dès ici-bas, nous ayons un avant-goût des biens que tu nous donneras dans le monde à venir. C'est pourquoi, avec les anges et tous les saints, nous chantons et proclamons : ***Saint ! Saint ! Saint...***

1re préface des saints *(41)*

La gloire des saints

Vraiment, il est juste et bon de te rendre gloire, de t'offrir notre action de grâce, toujours et en tout lieu, à toi, Père très saint, Dieu éternel et tout-puissant. Car tu es glorifié dans l'assemblée des saints : lorsque tu couronnes leurs mérites, tu couronnes tes propres dons. Dans leur vie, tu nous procures un modèle, dans la communion avec eux, une famille, et dans leur intercession, un appui : afin que, soutenus par cette foule immense de témoins, nous courions jusqu'au bout l'épreuve qui nous est proposée et recevions avec eux l'impérissable couronne de gloire, par le Christ, notre Seigneur. C'est par lui que les anges célèbrent ta grandeur, que les esprits bienheureux adorent

Les préfaces du mois d'août

ta gloire, que s'inclinent devant toi les puissances d'en haut et tressaillent d'une même allégresse les innombrables créatures des cieux. À leur hymne de louange, laisse-nous joindre nos voix pour chanter et proclamer :

Saint ! Saint ! Saint,
le Seigneur, Dieu de l'univers !
Le ciel et la terre
sont remplis de ta gloire.
Hosanna au plus haut des cieux.
Béni soit celui
qui vient au nom du Seigneur.
Hosanna au plus haut des cieux.

Sanctus, Sanctus, Sanctus
Dominus Deus Sabaoth
Pleni sunt caeli et terra gloria tua.
Hosanna in excelsis. Benedictus
qui venit in nomine Domini.
Hosanna in excelsis.

• *Prière eucharistique* **1**
« Père infiniment bon... » .... p. 242
• *Prière eucharistique* **2**
« Toi qui es vraiment saint... » .... p. 246
• *Prière eucharistique* **3**
« Tu es vraiment saint... » .... p. 248
• *Prière eucharistique* **4**
« Père très saint... » .... p. 252

Prière eucharistique nº 1

Préfaces : p. 237

Père infiniment bon, toi vers qui montent nos louanges, nous te supplions par Jésus Christ, ton Fils, notre Seigneur, d'accepter et de bénir ✠ ces offrandes saintes.

Nous te les présentons avant tout pour ta sainte Église catholique : accorde-lui la paix et protège-la, daigne la rassembler dans l'unité et la gouverner par toute la terre ; nous les présentons en même temps pour ton serviteur le pape N., pour notre évêque N. et tous ceux qui veillent fidèlement sur la foi catholique reçue des Apôtres. Souviens-toi, Seigneur, de tes serviteurs (de N. et N.) et de tous ceux qui sont ici réunis, dont tu connais la foi et l'attachement.

(Silence)

Nous t'offrons pour eux, ou ils t'offrent pour eux-mêmes et tous les leurs ce sacrifice de louange, pour leur propre rédemption, pour le salut qu'ils espèrent ; et ils te rendent cet hommage, à toi, Dieu éternel, vivant et vrai.

Dans la communion de toute l'Église, nous voulons nommer en premier lieu la bienheureuse Marie toujours Vierge, Mère de notre Dieu et Seigneur, Jésus Christ ; •••

Le dimanche :

Dans la communion de toute l'Église, en ce premier jour de la semaine, nous célébrons le jour où le Christ est ressuscité d'entre les morts ; et nous voulons nommer en premier lieu la bienheureuse Marie toujours Vierge, Mère de notre Dieu et Seigneur, Jésus Christ ; •••

Pour l'Assomption de la Vierge Marie :

Dans la communion de toute l'Église, nous célébrons le jour où la Vierge Marie a été élevée dans la gloire du ciel, et nous voulons nommer en premier lieu cette Vierge bienheureuse, la Mère de notre Dieu et Seigneur, Jésus Christ ; •••

••• saint Joseph, son époux, les saints Apôtres et Martyrs Pierre et Paul, André, [Jacques et Jean, Thomas, Jacques et Philippe, Barthélemy et Matthieu, Simon et Jude, Lin, Clet, Clément, Sixte, Corneille et Cyprien, Laurent, Chrysogone, Jean et Paul, Côme et Damien,] et tous les saints. Accorde-nous, par leur prière et leurs mérites, d'être, toujours et partout, forts de ton secours et de ta protection.

Voici l'offrande que nous présentons devant toi, nous, tes serviteurs, et ta famille entière, dans ta bienveillance, accepte-la. Assure toi-même la paix de notre vie, arrache-nous à la damnation et reçois-nous parmi tes élus.

Sanctifie pleinement cette offrande par la puissance de ta bénédiction, rends-la parfaite et digne de toi : qu'elle devienne pour nous le corps et le sang de ton Fils bien-aimé, Jésus Christ, notre Seigneur.

La veille de sa passion, il prit le pain dans ses mains très saintes et, les yeux levés au ciel, vers toi, Dieu, son Père tout-puissant, en te rendant grâce il le bénit, le rompit, et le donna à ses disciples, en disant :
« Prenez, et mangez-en tous : ceci est mon corps livré pour vous. »
De même, à la fin du repas, il prit dans ses mains cette coupe incomparable ; et te rendant grâce à nouveau, il la bénit, et la donna à ses disciples en disant :
« Prenez et buvez-en tous, car ceci est la coupe de mon sang, le sang de

Prière eucharistique n° 1

l'Alliance nouvelle et éternelle, qui sera versé pour vous et pour la multitude, en rémission des péchés. Vous ferez cela, en mémoire de moi. »

(1) Il est grand, le mystère de la foi :
Nous proclamons ta mort, Seigneur Jésus, nous célébrons ta résurrection, nous attendons ta venue dans la gloire.

(2) Quand nous mangeons ce pain et buvons à cette coupe, nous célébrons le mystère de la foi :
Nous rappelons ta mort,
Seigneur ressuscité,
et nous attendons que tu viennes.

(3) Proclamons le mystère de la foi :
Gloire à toi qui étais mort,
gloire à toi qui es vivant, notre Sauveur et notre Dieu : Viens, Seigneur Jésus !

C'est pourquoi nous aussi, tes serviteurs, et ton peuple saint avec nous, faisant mémoire de la passion bienheureuse de ton Fils, Jésus Christ, notre Seigneur, de sa résurrection du séjour des morts et de sa glorieuse ascension dans le ciel, nous te présentons, Dieu de gloire et de majesté, cette offrande prélevée sur les biens que tu nous donnes, le sacrifice pur et saint, le sacrifice parfait, pain de la vie éternelle et coupe du salut.
Et comme il t'a plu d'accueillir les présents d'Abel le Juste, le sacrifice de notre père Abraham, et celui que t'offrit Melchisédech, ton grand prêtre, en signe du sacrifice parfait, regarde cette offrande avec amour et, dans ta bienveillance, accepte-la.
Nous t'en supplions, Dieu tout-puissant : qu'elle soit portée par ton ange en présence de ta gloire, sur ton autel céleste, afin qu'en recevant ici, par notre communion à l'autel, le corps et le sang de ton Fils, nous soyons comblés de ta grâce et de tes bénédictions.

Souviens-toi de tes serviteurs (de N. et N.) qui nous ont précédés, marqués du signe de la foi, et qui dorment dans la paix…

(Silence)

Pour eux et pour tous ceux qui reposent dans le Christ, nous implorons ta bonté : qu'ils entrent dans la joie, la paix et la lumière. Et nous, pécheurs qui mettons notre espérance en ta miséricorde inépuisable, admets-nous dans la communauté des bienheureux Apôtres et Martyrs, de Jean Baptiste, Étienne, Matthias et Barnabé, [Ignace, Alexandre, Marcellin et Pierre, Félicité et Perpétue, Agathe, Lucie, Agnès, Cécile, Anastasie,] et de tous les saints. Accueille-nous dans leur compagnie, sans nous juger sur le mérite mais en accordant ton pardon, par Jésus Christ, notre Seigneur. C'est par lui que tu ne cesses de créer tous ces biens, que tu les bénis, leur donnes la vie, les sanctifies et nous en fais le don.

Par lui, avec lui et en lui, à toi, Dieu le Père tout-puissant, dans l'unité du Saint-Esprit, tout honneur et toute gloire, pour les siècles des siècles.

— Amen.

(Communion : p. 255)

Prière eucharistique nº 2

Préface :

Vraiment, Père très saint, il est juste et bon de te rendre grâce, toujours et en tout lieu, par ton Fils bien-aimé, Jésus Christ : car il est ta Parole vivante, par qui tu as créé toutes choses ; c'est lui que tu nous as envoyé comme Rédempteur et Sauveur, Dieu fait homme, conçu de l'Esprit Saint, né de la Vierge Marie ; pour accomplir jusqu'au bout ta

Prière eucharistique n° 2

volonté et rassembler du milieu des hommes un peuple saint qui t'appartienne, il étendit les mains à l'heure de sa passion, afin que soit brisée la mort, et que la résurrection soit manifestée. C'est pourquoi, avec les anges et tous les saints, nous proclamons ta gloire, en chantant (disant) d'une seule voix :

(On peut aussi choisir une autre préface.)

Saint ! Saint ! Saint, le Seigneur,
Dieu de l'univers ! Le ciel et la terre
sont remplis de ta gloire.
Hosanna au plus haut des cieux.
Béni soit celui qui vient
au nom du Seigneur.
Hosanna au plus haut des cieux.

Toi qui es vraiment saint, toi qui es la source de toute sainteté, Seigneur, nous te prions :

Le dimanche :

Toi qui es vraiment saint, toi qui es la source de toute sainteté, nous voici rassemblés devant toi, et, dans la communion de toute l'Église, en ce premier jour de la semaine, nous célébrons le jour où le Christ est ressuscité d'entre les morts. Par lui que tu as élevé à ta droite, Dieu notre Père, nous te prions :

Pour l'Assomption de la Vierge Marie :

Toi qui es vraiment saint, toi qui es la source de toute sainteté, nous voici rassemblés devant toi, et, dans la communion de toute l'Église, nous célébrons le jour où la Vierge, Mère de Dieu, a été élevée au ciel, dans la gloire de son fils, Jésus Christ, notre Seigneur. Par lui, qui est à l'origine de notre foi et qui la mène à sa perfection, Dieu notre Père, nous te prions :

Prière eucharistique n° 2

••• Sanctifie ces offrandes en répandant sur elles ton Esprit ; qu'elles deviennent pour nous le corps ✠ et le sang de Jésus, le Christ, notre Seigneur. Au moment d'être livré et d'entrer librement dans sa passion, il prit le pain, il rendit grâce, il le rompit et le donna à ses disciples, en disant :
« Prenez, et mangez-en tous : ceci est mon corps livré pour vous. »
De même, à la fin du repas, il prit la coupe ; de nouveau il rendit grâce, et la donna à ses disciples, en disant : « Prenez, et buvez-en tous, car ceci est la coupe de mon sang, le sang de l'Alliance nouvelle et éternelle, qui sera versé pour vous et pour la multitude en rémission des péchés. Vous ferez cela, en mémoire de moi. »

(1) Il est grand, le mystère de la foi :
Nous proclamons ta mort,
Seigneur Jésus,
nous célébrons ta résurrection,
nous attendons ta venue
dans la gloire.

(2) Quand nous mangeons ce pain et buvons à cette coupe, nous célébrons le mystère de la foi :
Nous rappelons ta mort,
Seigneur ressuscité,
et nous attendons que tu viennes.

(3) Proclamons le mystère de la foi :
Gloire à toi qui étais mort,
gloire à toi qui es vivant,
notre Sauveur et notre Dieu :
Viens, Seigneur Jésus !

Faisant ici mémoire de la mort et de la résurrection de ton Fils, nous t'offrons, Seigneur, le pain de la vie et la coupe du salut, et nous te rendons grâce, car tu nous as choisis pour servir en ta présence. Humblement, nous te demandons qu'en ayant part au corps et au sang du Christ, nous soyons rassemblés par l'Esprit Saint en un seul corps.

Souviens-toi, Seigneur, de ton Église répandue à travers le monde : fais-la grandir dans ta charité avec le pape **N.**, notre évêque **N.**, et tous ceux qui ont la charge de ton peuple. Souviens-toi aussi de nos frères qui se sont endormis dans l'espérance de la résurrection, et de tous les hommes qui ont quitté cette vie : reçois-les dans ta lumière, auprès de toi.
Sur nous tous enfin, nous implorons ta bonté : permets qu'avec la Vierge Marie, la bienheureuse Mère de Dieu, avec saint Joseph, son époux, avec les Apôtres et les saints de tous les temps qui ont vécu dans ton amitié, nous ayons part à la vie éternelle, et que nous chantions ta louange, par Jésus Christ, ton Fils bien-aimé.

Par lui, avec lui et en lui, à toi, Dieu le Père tout-puissant, dans l'unité du Saint-Esprit, tout honneur et toute gloire, pour les siècles des siècles. — ***Amen.***

(Communion : p. 255)

Prière eucharistique nº 3

Préfaces : p. 237

Tu es vraiment saint, Dieu de l'univers, et toute la création proclame ta louange, car c'est toi qui donnes la vie, c'est toi qui sanctifies toutes choses, par ton Fils, Jésus Christ, notre Seigneur, avec la puissance de l'Esprit Saint ; et tu ne cesses de rassembler ton peuple, afin qu'il te présente partout dans le monde une offrande pure.

Prière eucharistique n° 3

C'est pourquoi nous te supplions de consacrer toi-même les offrandes que nous apportons : •••

Le dimanche:

C'est pourquoi nous voici rassemblés devant toi, et, dans la communion de toute l'Église, en ce premier jour de la semaine nous célébrons le jour où le Christ est ressuscité d'entre les morts. Par lui, que tu as élevé à ta droite, Dieu tout-puissant, nous te supplions de consacrer toi-même les offrandes que nous apportons : •••

Pour l'Assomption de la Vierge Marie:

C'est pourquoi nous voici rassemblés devant toi, et, dans la communion de toute l'Église, nous célébrons le jour où la Vierge, Mère de Dieu, a été élevée au ciel, dans la gloire de son fils, Jésus Christ, notre Seigneur. Par lui, qui est à l'origine de notre foi et qui la mène à sa perfection, Dieu tout-puissant, nous te supplions de consacrer toi-même les offrandes que nous apportons : •••

••• Sanctifie-les par ton Esprit, pour qu'elles deviennent le corps + et le sang de ton Fils Jésus Christ, notre Seigneur, qui nous a dit de célébrer ce mystère.
La nuit même où il fut livré, il prit le pain, en te rendant grâce il le bénit, il le rompit et le donna à ses disciples, en disant : « Prenez, et mangez-en tous : ceci est mon corps livré pour vous. »
De même, à la fin du repas, il prit la coupe, en te rendant grâce il la bénit, et la donna à ses disciples, en disant : « Prenez, et buvez-en tous, car ceci est la coupe de mon sang, le sang de l'Alliance nouvelle et éternelle, qui sera versé pour vous et pour la multitude en rémission des péchés. Vous ferez cela, en mémoire de moi. »

Prière eucharistique n° 3

(1) Il est grand, le mystère de la foi :
Nous proclamons ta mort, Seigneur Jésus, nous célébrons ta résurrection, nous attendons ta venue dans la gloire.

(2) Quand nous mangeons ce pain et buvons à cette coupe, nous célébrons le mystère de la foi :
Nous rappelons ta mort,
Seigneur ressuscité,
et nous attendons que tu viennes.

(3) Proclamons le mystère de la foi :
Gloire à toi qui étais mort,
gloire à toi qui es vivant,
notre Sauveur et notre Dieu : Viens, Seigneur Jésus !

En faisant mémoire de ton Fils, de sa passion qui nous sauve, de sa glorieuse résurrection et de son ascension dans le ciel, alors que nous attendons son dernier avènement, nous présentons cette offrande vivante et sainte pour te rendre grâce. Regarde, Seigneur, le sacrifice de ton Église, et daigne y reconnaître celui de ton Fils qui nous a rétablis dans ton Alliance ; quand nous serons nourris de son corps et de son sang et remplis de l'Esprit Saint, accorde-nous d'être un seul corps et un seul esprit dans le Christ.

Que l'Esprit Saint fasse de nous une éternelle offrande à ta gloire, pour que nous obtenions un jour les biens du monde à venir, auprès de la Vierge Marie, la bienheureuse Mère de Dieu, avec saint Joseph, son époux, avec les Apôtres, les martyrs, [saint N.] et tous les saints, qui ne cessent d'intercéder pour nous.
Et maintenant, nous te supplions, Seigneur : par le sacrifice qui nous réconcilie avec toi, étends au monde entier le salut et la paix. Affermis la foi et la charité de ton Église au long de son chemin sur la terre : veille sur ton

serviteur le pape N., et notre évêque N., l'ensemble des évêques, les prêtres, les diacres, et tout le peuple des rachetés. Écoute les prières de ta famille assemblée devant toi, et ramène à toi, Père très aimant, tous tes enfants dispersés. Pour nos frères défunts, pour les hommes qui ont quitté ce monde, et dont tu connais la droiture, nous te prions : reçois-les dans ton Royaume, où nous espérons être comblés de ta gloire, tous ensemble et pour l'éternité, par le Christ, notre Seigneur, par qui tu donnes au monde toute grâce et tout bien.

Par lui, avec lui et en lui, à toi, Dieu le Père tout-puissant, dans l'unité du Saint-Esprit, tout honneur et toute gloire, pour les siècles des siècles. ***— Amen.***

(Communion : p. 255)

Prière eucharistique nº 4

Préface :

Vraiment, il est bon de te rendre grâce, il est juste et bon de te glorifier, Père très saint, car tu es le seul Dieu, le Dieu vivant et vrai : tu étais avant tous les siècles, tu demeures éternellement, lumière au-delà de toute lumière. Toi, le Dieu de bonté, la source de la vie, tu as fait le monde pour que toute créature soit comblée de tes bénédictions, et que beaucoup se réjouissent de ta lumière. Ainsi, les anges innombrables qui te servent jour et nuit se tiennent devant toi, et, contemplant la splendeur de ta face, n'interrompent jamais leur louange. Unis à leur hymne d'allégresse, avec la création tout entière qui t'acclame par nos voix, Dieu, nous te chantons :

Prière eucharistique nº 4

Saint ! Saint ! Saint, le Seigneur,
Dieu de l'univers ! Le ciel et la terre
sont remplis de ta gloire.
Hosanna au plus haut des cieux.
Béni soit celui qui vient
au nom du Seigneur.
Hosanna au plus haut des cieux.

Père très saint, nous proclamons que tu es grand et que tu as créé toutes choses avec sagesse et par amour : tu as fait l'homme à ton image, et tu lui as confié l'univers, afin qu'en te servant, toi son Créateur, il règne sur la création.
Comme il avait perdu ton amitié en se détournant de toi, tu ne l'as pas abandonné au pouvoir de la mort. Dans ta miséricorde, tu es venu en aide à tous les hommes pour qu'ils te cherchent et puissent te trouver.
Tu as multiplié les alliances avec eux, et tu les as formés, par les prophètes, dans l'espérance du salut. Tu as tellement aimé le monde, Père très saint, que tu nous as envoyé ton propre Fils, lorsque les temps furent accomplis, pour qu'il soit notre Sauveur. Conçu de l'Esprit Saint, né de la Vierge Marie, il a vécu notre condition d'homme en toute chose, excepté le péché, annonçant aux pauvres la bonne nouvelle du salut ; aux captifs, la délivrance ; aux affligés, la joie.
Pour accomplir le dessein de ton amour, il s'est livré lui-même à la mort, et, par sa résurrection, il a détruit la mort et renouvelé la vie.
Afin que notre vie ne soit plus à nous-mêmes, mais à lui qui est mort et ressuscité pour nous, il a envoyé d'auprès de toi, comme premier don fait aux croyants, l'Esprit qui poursuit son œuvre dans le monde et achève toute sanctification.

Que ce même Esprit Saint, nous t'en prions, Seigneur, sanctifie ces offrandes : qu'elles deviennent ainsi le corps + et le sang de ton Fils dans la célébration de ce grand mystère, que lui-même nous a laissé en signe de l'Alliance éternelle.

Quand l'heure fut venue où tu allais le glorifier, comme il avait aimé les siens qui étaient dans le monde, il les aima jusqu'au bout : pendant le repas qu'il partageait avec eux, il prit le pain, il le bénit, le rompit et le donna à ses disciples, en disant :
« Prenez, et mangez-en tous : ceci est mon corps livré pour vous. »
De même, il prit la coupe remplie de vin, il rendit grâce et la donna à ses disciples, en disant :
« Prenez, et buvez-en tous, car ceci est la coupe de mon sang, le sang de l'Alliance nouvelle et éternelle, qui sera versé pour vous et pour la multitude, en rémission des péchés. Vous ferez cela, en mémoire de moi. »

(1) Il est grand, le mystère de la foi :
Nous proclamons ta mort,
Seigneur Jésus,
nous célébrons ta résurrection,
nous attendons ta venue
dans la gloire.

(2) Quand nous mangeons ce pain et buvons à cette coupe, nous célébrons le mystère de la foi :
Nous rappelons ta mort,
Seigneur ressuscité,
et nous attendons que tu viennes.

(3) Proclamons le mystère de la foi :
Gloire à toi qui étais mort,
gloire à toi qui es vivant,
notre Sauveur et notre Dieu :
Viens, Seigneur Jésus !

Voilà pourquoi, Seigneur, nous célébrons aujourd'hui le mémorial de notre rédemption : en rappelant la mort de Jésus Christ et sa descente

Prière eucharistique nº 4

au séjour des morts, en proclamant sa résurrection et son ascension à ta droite dans le ciel, en attendant aussi qu'il vienne dans la gloire, nous t'offrons son corps et son sang, le sacrifice qui est digne de toi et qui sauve le monde.

Regarde, Seigneur, cette offrande que tu as donnée toi-même à ton Église ; accorde à tous ceux qui vont partager ce pain et boire à cette coupe d'être rassemblés par l'Esprit Saint en un seul corps, pour qu'ils soient eux-mêmes dans le Christ une vivante offrande à la louange de ta gloire.

Et maintenant, Seigneur, rappelle-toi tous ceux pour qui nous offrons le sacrifice : le pape N., notre évêque N. et tous les évêques, les prêtres et ceux qui les assistent, les fidèles qui présentent cette offrande, les membres de notre assemblée, le peuple qui t'appartient et tous les hommes qui te cherchent avec droiture. Souviens-toi aussi de nos frères qui sont morts dans la paix du Christ, et de tous les morts dont toi seul connais la foi.

À nous qui sommes tes enfants, accorde, Père très bon, l'héritage de la vie éternelle auprès de la Vierge Marie, la bienheureuse Mère de Dieu, auprès de saint Joseph, son époux, auprès des Apôtres et de tous les saints, dans ton Royaume, où nous pourrons, avec la création tout entière enfin libérée du péché et de la mort, te glorifier par le Christ, notre Seigneur, par qui tu donnes au monde toute grâce et tout bien.

Par lui, avec lui et en lui, à toi, Dieu le Père tout-puissant, dans l'unité du Saint-Esprit, tout honneur et toute gloire, pour les siècles des siècles. ***– Amen.***

(Communion : page ci-contre)

COMMUNION

Notre Père

(1) Unis dans le même Esprit, nous pouvons dire avec confiance la prière que nous avons reçue du Sauveur :

(2) Comme nous l'avons appris du Sauveur et selon son commandement, nous osons dire :

NOTRE PÈRE

Notre Père qui es aux cieux, que ton nom soit sanctifié,
que ton règne vienne, que ta volonté soit faite sur la terre comme au ciel.
Donne-nous aujourd'hui notre pain de ce jour. Pardonne-nous
nos offenses, comme nous pardonnons aussi à ceux qui nous ont offensés.
Et ne nous laisse pas entrer en tentation, mais délivre-nous du Mal.

PATER NOSTER

Pater Noster qui es in caelis, sanctificetur nomen tuum, adveniat regnum tuum, fiat voluntas tua sicut in caelo et in terra. Panem nostrum quotidianum da nobis hodie, et dimitte nobis debita nostra, sicut et nos dimittimus debitoribus nostris, et ne nos inducas in tentationem sed libera nos a malo.

Délivre-nous de tout mal, Seigneur, et donne la paix à notre temps : par ta miséricorde, libère-nous du péché, rassure-nous devant les épreuves en cette vie où nous espérons le bonheur que tu promets et l'avènement de Jésus Christ, notre Sauveur. ***— Car c'est à toi qu'appartiennent le règne, la puissance et la gloire pour les siècles des siècles !***

Échange de la paix

Seigneur Jésus Christ, tu as dit à tes Apôtres : « Je vous laisse la paix, je vous donne ma paix » : ne regarde pas nos péchés mais la foi de ton Église ; pour que ta volonté s'accomplisse, donne-lui toujours cette paix, et conduis-la vers l'unité parfaite, toi qui règnes pour les siècles des siècles. ***— Amen.***

Que la paix du Seigneur soit toujours avec vous. ***— Et avec votre esprit.***

Frères et sœurs, dans la charité du Christ, donnez-vous la paix.

Fraction du pain

Agneau de Dieu

Agneau de Dieu, qui enlèves le péché du monde, prends pitié de nous. *(bis)*
Agneau de Dieu, qui enlèves le péché du monde, donne-nous la paix.

Agnus Dei

Agnus Dei qui tollis peccata mundi, miserere nobis. (bis)
Agnus Dei qui tollis peccata mundi, dona nobis pacem.

Communion

Le prêtre complète, à voix basse, sa préparation personnelle à la communion :

(1) Seigneur Jésus Christ, Fils du Dieu vivant, selon la volonté du Père et avec la puissance du Saint-Esprit, tu as donné, par ta mort, la vie au monde; que ton corps et ton sang me délivrent de mes péchés et de tout mal; fais que je demeure fidèle à tes commandements et que jamais je ne sois séparé de toi.
(2) Seigneur Jésus Christ, que cette communion à ton corps et à ton sang n'entraîne pour moi ni jugement ni condamnation; mais qu'elle soutienne mon esprit et mon corps et me donne la guérison.

Montrant aux fidèles le pain eucharistique, le prêtre invite à la communion:

Heureux les invités au repas du Seigneur!
Voici l'Agneau de Dieu qui enlève le péché du monde.
— Seigneur, je ne suis pas digne de te recevoir;
mais dis seulement une parole et je serai guéri.

Chant de communion *ou antienne de la communion.*

Prière après la communion *voir à la date du jour*

CONCLUSION DE LA CÉLÉBRATION

Le Seigneur soit avec vous. ***— Et avec votre esprit.***
Que Dieu tout-puissant vous bénisse,
le Père, et le Fils ✢ et le Saint-Esprit. ***— Amen.***
Le diacre ou le prêtre dit:
Allez, dans la paix du Christ. ***— Nous rendons grâce à Dieu.***

Chants pour la célébration

Les chants en rouge sont consultables à la page indiquée **Les chants en noir** sont référencés avec leur cote SECL

	Ouverture	Renvoi	Communion / Action de grâce	Renvoi
1er août	Pain de Dieu, pain de vie	D381	Partageons le pain du Seigneur	p. 264
	Dieu nous accueille en sa maison	p. 259	La Sagesse a dressé une table	D580
	C'est toi, Seigneur, le pain rompu	p. 259	Qui mange ma chair	D290
8 août	Peuple de l'Alliance	p. 260	Goûtez et voyez comme est bon le Seigneur	p. 266
	Lève-toi et mange	X49-73	Nous t'avons reconnu Seigneur	D59-24
	Je suis venu pour la vie	Chemin n.	Tu traverses nos chemins	EDIT22-13
15 août	Marie, témoin d'une espérance	V23-07	Couronnée d'étoiles	p. 265
	La première en chemin, Marie	p. 261	Magnificat	p. 265
	Bénis le Seigneur, ô mon âme	Z102-6	Ave Maria	Glorious
22 août	Il est bon de fêter notre Dieu	EDIT102	C'est toi, Seigneur, le pain rompu	D293
	Écoute la voix du Seigneur	p. 262	Merveille que je suis	p. 268
	Que vive mon âme à te louer	Emmanuel	Disciple de Jésus	X979
29 août	Acclamez le Seigneur !	Y69-72	Seigneur Jésus, tu es présent	p. 270
	Jésus, berger de toute humanité	p. 263	Le Seigneur nous a aimés	D108
	Église aux cent mille visages	A55-92	Aimer, c'est tout donner	Béatitudes

Suggestions pour août 2021 proposées par le P. Thibault Van Den Driessche, avec **ChantonsenÉglis**

Dieu nous accueille en sa maison *(Ouverture)*

A174; T. : J.-P. Lécot; M. : J.-P. Lécot, G.-P. Palestrina (XVIe siècle); Zech.

Refrain : **Dieu nous accueille en sa maison, Dieu nous invite à son festin :**
jour d'allégresse et jour de joie ! Alléluia !

① **Criez de joie pour notre Dieu,**
chantez pour lui, car il est bon, car éternel est son amour.

② **Avec Jésus, nous étions morts ;**
avec Jésus, nous revivrons, nous avons part à sa clarté.

③ **« Si tu savais le don de Dieu »,**
si tu croyais en son amour, tu n'aurais plus de peur en toi.

C'est toi, Seigneur, le pain rompu *(Communion)*

D293; T. : J.-P. Lécot; M. : G. Kirbye; Lethielleux.

Refrain : **C'est toi Seigneur le pain rompu, livré pour notre vie.**
C'est toi, Seigneur, notre unité, Jésus ressuscité.

① **Jésus, la nuit qu'il fut livré, rompit le pain et dit :**
Prenez, mangez : voici mon corps, livré pour l'univers.

② **Jésus, la nuit qu'il fut livré, montra le vin et dit :**
Prenez, buvez : voici mon sang, versé pour l'univers.

③ **Je donnerai gratuitement à ceux qui m'ont cherché,**
Et tous les pauvres mangeront, parole du Seigneur.

Peuple de l'Alliance *(Ouverture)*

G244 ; T. : M. Scouarnec ; M. : J. Akepsimas ; ADF – Studio SM.

① **Peuple de l'Alliance, ton Dieu te fait signe.** *(bis)*
Marche à la suite de Jésus !
Va crier son nom sur les chemins du monde,
sur les chemins du monde.

② **Peuple de l'Alliance, ton Dieu te réveille.** *(bis)*
Passe la mer avec Jésus !
Va creuser ta soif dans les déserts du monde,
dans les déserts du monde.

③ **Peuple de l'Alliance, ton Dieu te pardonne.** *(bis)*
Prends la lumière de Jésus !
Va semer l'amour dans les hivers du monde,
dans les hivers du monde.

④ **Peuple de l'Alliance, ton Dieu te libère.** *(bis)*
Porte ta croix avec Jésus !
Va planter la paix aux carrefours du monde,
aux carrefours du monde.

La première en chemin, Marie *(Ouverture)*

V565; T. : sœur Marie-Colette Guédon; M. : G. Lefebvre; Studio SM.

① **La première en chemin, Marie tu nous entraînes**
à risquer notre « oui » aux imprévus de Dieu. Et voici qu'est semé en argile incertaine
de notre humanité Jésus Christ, Fils de Dieu.
Marche avec nous, Marie, sur nos chemins de foi,
ils sont chemins vers Dieu, ils sont chemins vers Dieu.

② **La première en chemin, en hâte tu t'élances, prophète de celui qui a pris corps en toi.**
La parole a surgi, tu es sa résonance,
et tu franchis des monts pour en porter la voix.
Marche avec nous, Marie, aux chemins de l'annonce,
ils sont chemins vers Dieu, ils sont chemins vers Dieu.

③ **La première en chemin pour suivre au Golgotha**
le Fils de ton amour que tous ont condamné. Tu te tiens là, debout, au plus près de la croix
pour recueillir la vie de son cœur transpercé.
Marche avec nous, Marie, sur nos chemins de croix,
ils sont chemins vers Dieu, ils sont chemins vers Dieu.

④ **La première en chemin avec l'Église en marche**
dès les commencements, tu appelles l'Esprit !
En ce monde aujourd'hui, assure notre marche ;
que grandisse le corps de ton Fils Jésus Christ !
Marche avec nous, Marie, aux chemins de ce monde,
ils sont chemins vers Dieu, ils sont chemins vers Dieu.

Écoute la voix du Seigneur (Ouverture)

X548 ; T. : D. Rimaud ; M. : J. Berthier ; Studio SM.

① **Écoute la voix du Seigneur, prête l'oreille de ton cœur.**
Qui que tu sois ton Dieu t'appelle, qui que tu sois, il est ton Père.

Refrain : **Toi qui aimes la vie, ô toi qui veux le bonheur,**
réponds en fidèle ouvrier, de sa très douce volonté.
Réponds en fidèle ouvrier, de l'Évangile et de sa paix.

② **Écoute la voix du Seigneur, prête l'oreille de ton cœur.**
Tu entendras que Dieu fait grâce, tu entendras l'esprit d'audace.

③ **Écoute la voix du Seigneur, prête l'oreille de ton cœur.**
Tu entendras crier les pauvres, tu entendras gémir ce monde.

④ **Écoute la voix du Seigneur, prête l'oreille de ton cœur.**
Tu entendras grandir l'Église, tu entendras sa paix promise.

⑤ **Écoute la voix du Seigneur, prête l'oreille de ton cœur.**
Qui que tu sois fais-toi violence, qui que tu sois, rejoins ton frère.

Jésus, berger de toute humanité *(Ouverture)*

R310-1 ; T. : CNPL/D. Rimaud ; M. : J. Berthier ; CNPL/Studio SM.

① Jésus, berger de toute humanité,
tu es venu chercher ceux qui étaient perdus.
Prends pitié de nous, fais-nous revenir,
fais-nous revenir à toi ! Prends pitié de nous !

② Jésus, berger de toute humanité,
tu es venu guérir ceux qui étaient malades.
Prends pitié de nous, fais-nous revenir
fais-nous revenir à toi ! Prends pitié de nous !

③ Jésus, berger de toute humanité,
tu es venu sauver ceux qui étaient pécheurs.
Prends pitié de nous, fais-nous revenir
fais-nous revenir à toi ! Prends pitié de nous !

Partageons le pain du Seigneur (Communion)

D39-31 ; T. : J. Hameline ; M. : J. Berthier / Populaire ; Bayard.

Refrain : **Partageons le pain du Seigneur à la table de l'univers.**
C'est le don sans retour de l'amour de notre Dieu.

① **Venez à moi, vous tous qui succombez sous la fatigue,**
c'est moi qui porterai le poids de votre peine.

② **Venez à moi, vous tous qui gémissez sous l'injustice,**
c'est moi qui suis pour vous la loi libératrice.

③ **Venez à moi, vous tous qui trébuchez dans les ténèbres,**
sur vous s'élèvera l'éclat de ma lumière.

④ **Venez à moi, vous tous dont on méprise l'espérance,**
je viens pour relever les humbles qui attendent.

⑤ **Venez à moi, vous tous qui avez faim du don céleste,**
je viens pour partager le pain de votre vie.

⑥ **Venez à moi, vous tous qui cheminez sans but sur terre,**
je viens pour vous montrer la route vers le Père.

⑦ **Venez à moi, vous tous qui convoitez richesse et gloire,**
en moi la pauvreté a trouvé sa noblesse.

Couronnée d'étoiles *(Chant à Marie)*

V44-58 ; T. : Communauté de l'Emmanuel ; M. : M. Dannaud/T. Malet ; Éd. de l'Emmanuel.

Refrain : **Nous te saluons, ô toi Notre Dame,**
Marie, Vierge sainte que drape le soleil,
couronnée d'étoiles, la lune est sous tes pas,
en toi nous est donnée l'aurore du salut.

① **Marie, Ève nouvelle**
et joie de ton Seigneur,
tu as donné naissance
à Jésus le Sauveur.
Par toi nous sont ouvertes,
les portes du jardin.
Guide-nous en chemin,
étoile du matin.

② **Tu es restée fidèle,**
mère au pied de la Croix,
soutiens notre espérance
et garde notre foi.
Du côté de ton Fils,
tu as puisé pour nous,
l'eau et le sang versés
qui sauvent du péché.

Magnificat *(Chant à Marie / Temps de prière) – Taizé*

Goûtez et voyez comme est bon le Seigneur (Communion)

D57-71 ; T. : R. Mutin ; M. : J. Akepsimas ; ADF-Studio SM.

Refrain : **Goûtez et voyez comme est bon le Seigneur,**
la table vous est servie, recevez le pain de vie.

② Tressaillez ! Le Seigneur vous attend,
il entend ses enfants qui l'appellent.
Suppliez le Seigneur en tout temps,
rien ne manque à tous ceux
qui le cherchent.

③ Au désert, il vous ouvre un torrent,
il envoie sa parole sur terre.
Écoutez le Seigneur en tout temps,
la fraîcheur de son puits désaltère.

④ Exaltez tous ensemble son nom,
tous ensemble chantons ses merveilles.
Proclamez le Seigneur en tout temps,
sa parole au matin vous réveille.

⑤ Il vous donne la fleur du froment,
il vous offre le pain de lumière.
Recevez le Seigneur en tout temps,
et la paix gagnera les frontières.

⑥ Accueillez le soleil des vivants,
Jésus Christ vous revêt de sa gloire.
Rayonnez le Seigneur en tout temps,
sa clarté transfigure l'histoire.

Merveille que je suis (Action de grâce)

T. : d'après le Ps 139 ; M. et adapt. : Sr. M.-L. Bigot ; Béatitudes Productions.

② **Que je marche, ou me repose,**
tous mes chemins te sont familiers.
Tu as mis sur moi ta main.
Avec toi, je ne crains aucun mal.

③ **Où que j'aille loin de ta face,**
te voici, tu es là tout près de moi.
Devant toi, point de ténèbres
et la nuit comme le jour illumine.

Seigneur Jésus, tu es présent (Communion)

T. : M. et M.-F. Penhard ; M. : C.-E. Haugel ; Éd. de l'Emmanuel.

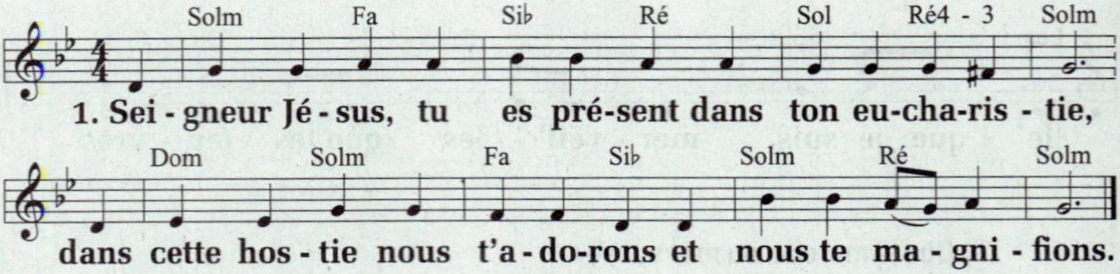

② Toi qui es Dieu, toi qui es roi, tu nous as tout donné,
tu es le Christ, tu es l'agneau immolé sur la Croix.

③ Dans ta Passion tu as porté chacun de nos péchés,
ton sang versé nous a lavés et nous a rachetés.

④ Saint Jean a vu le sang et l'eau jaillir de ton côté,
ton Esprit Saint nous est donné comme un fleuve d'eau vive.

⑤ Oui nous croyons à la victoire par ta résurrection,
oui nous croyons que dans ta gloire à jamais nous vivrons.

⑥ Ton corps livré, ton sang versé pour nous, ô Divin Roi,
vraie nourriture et vraie boisson, nous comblent de ta joie.

⑦ Quand sur la Croix tu as remis le souffle de l'Esprit
t'offrant entre les mains du Père, tout fut accompli.

⑧ Tu es la vigne véritable et tu nous établis,
pour qu'en ta grâce nous vivions et nous portions du fruit.

⑨ Tu nous appelles tes amis et non plus serviteurs,
car en toi resplendit l'amour qui chasse toute peur.

⑩ C'est à l'amour que nous aurons pour chacun de nos frères,
que tous les hommes connaîtront et croiront dans le Père.

⑪ Tu es, Seigneur, le Bon Pasteur, tu connais tes brebis,
nous te suivons car en nos cœurs, ta voix a retenti.

⑫ Reste avec nous quand vient le soir, ô mon Dieu, mon Seigneur !
Au plus profond de notre cœur, établis ta demeure !

CHANTS POUR L'ORDINAIRE

Préparation pénitentielle

AL23-23 ; T. : J.-P. Lécot ; M. : P. Décha ; Bayard Liturgie.

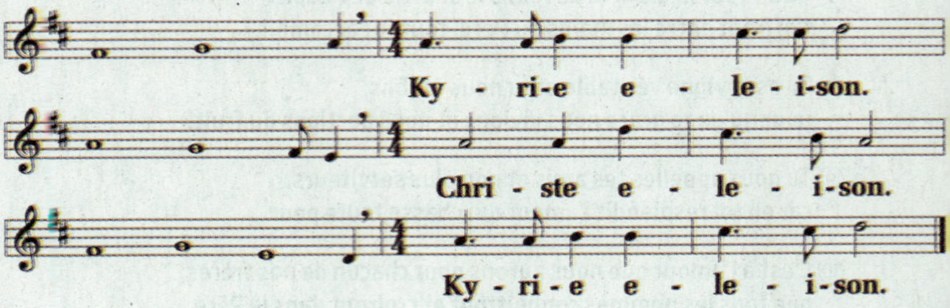

Gloire à Dieu

AL189 ; T. : AELF ; M. : J.-P. Lécot ; Lethielleux.

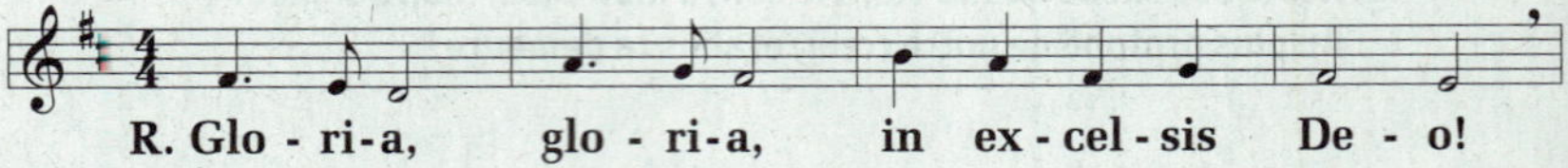

Glo - ri - a, glo - ri - a, in ex - cel - sis De - o!
1. Paix sur la terre aux hommes qu'il aime.
2. Seigneur, Fils unique, Jésus Christ, Seigneur Dieu, Agneau de Dieu, le Fils du Père;
3. Car toi seul es saint,
1. Nous te lou- ons, nous te bénis- sons, nous t'ado- rons,
2. toi qui enlèves le péché du monde, prends pitié de nous;
3. toi seul es Sei- gneur,
1. nous te glori- fions, nous te rendons grâce, pour ton immense
2. toi qui enlèves le péché du monde, re - çois notre pri -
3. toi seul es le Très- Haut: Jésus Christ, avec le Saint-Es -
1. gloire, Seigneur Dieu, Roi du ciel, Dieu le Père tout-puis - sant.
2. ère; toi qui es assis à la droite du Père, prends pitié de nous.
3. prit dans la gloire de Dieu le Père. A- men.

Saint le Seigneur

A168; T. et M. : J.-P. Lécot; Lethielleux.

Agneau de Dieu

AL23-14; T. : AELF; M. : P. Décha; Bayard Liturgie.

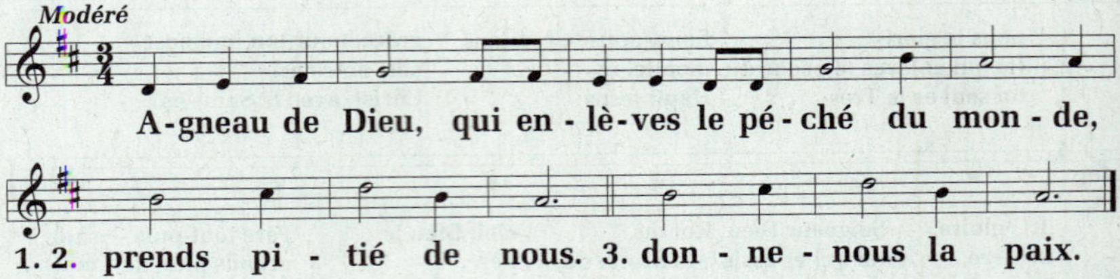

UNE SÉLECTION
PrionsenÉglise
CHAQUE JOUR, LE SOUFFLE DE LA PAROLE DE DIEU
ORGANISATION
Via Compostela
Terres d'Aventure
Le renouveau du pèlerinage au Mont-Saint-Michel
Un week-end de découverte culturelle avec une traversée de la baie à pied
25 au 26 septembre 2021
Accompagné par FRANÇOIS-XAVIER MAIGRE, rédacteur en chef au Pèlerin, auteur de « Sur la trace de l'Archange ».
Un pèlerinage en autocar avec 3, 4 heures de marche quotidienne
18 au 25 septembre 2021
Accompagné par un guide-conférencier et membre de l'association des « Chemins du Mont-Saint-Michel » et le PÈRE JEAN-PAUL MUSANGANIA, assomptionniste, rédacteur à Prions en Église.
Les 100 derniers km du chemin à pied
19 au 24 septembre 2021
Accompagné par BERTRAND LEROY, auteur du roman « La porte mystérieuse du Mont-Saint-Michel » et fondateur de l'association Les compagnons du Sentier.
INFORMATIONS ET RÉSERVATION → Tél. 04 66 69 05 19
→ Mail : communication@via-compostela.com → Site : via-compostela.com/fr/mont-saint-michel-editio

AOÛT 2021

LES RENDEZ-VOUS

Inspirations bibliques
Père Jacques Nieuviarts *p. 278*

Trésors de la liturgie
Sœur Emmanuelle Billoteau
p. 283

Question de Dieu
Sœur Anne Lécu
p. 280

Sagesses du désert
Jean-Guilhem Xerri
p. 286

Témoignage de lecteur .. *p. 288*
Question du mois .... *p. 290*
Pèlerinage .... *p. 291*
Église du monde .... *p. 292*
Reportage .... *p. 294*
Messes TV radio .... *p. 297*
Culture .... *p. 298*
Agenda .... *p. 301*

Photos : 1 : P.-E. Charon ; 2 : F. Brochoire/Signatures ; 3 : DR ; 4 : CIRIC.

INSPIRATIONS BIBLIQUES

Père Jacques Nieuviarts, assomptionniste,
auteur de *La Bible nomade*, Bayard, 2018

Le chemin des sources

Dans les deux Testaments, l'eau tient une place immense. Si notre âme a soif de Dieu, nous pouvons aller à la source, à sa rencontre.

Prendre à l'heure du silence les chemins de sous-bois, qui nous entraînent vers les lieux de solitude où le cœur et la pensée se déploient, où naît insensiblement la prière, dialogue intérieur ou simplement silence, quand Dieu éveille le cœur. Qu'il est bon de poursuivre alors le chemin vers les larges espaces ou vers les hauteurs. Certes, tous ne peuvent rêver de solitude, car la vie est là. Dans la Bible aussi, d'ailleurs, elle est là, toujours présente, et pas forcément calme. Nous sommes proches des gens de la Bible. Et celle-ci nous entraîne sur le chemin de l'Alliance qu'il faut apprendre lentement, car il s'agit de se laisser façonner le cœur.

Feuilletant l'un et l'autre Testaments, nous ne pouvons que nous étonner de la place immense qu'y tient l'eau, et l'été est période propice pour revisiter ce chemin. Dès le temps d'Abraham, il est question de puits et d'une ligne de partage des herbages et de l'eau. Les serviteurs d'Abraham eurent un jour maille à partir avec ceux d'Abimélek, qui avaient usurpé un puits qui leur appartenait, et chacun disait : « L'eau est à nous ! » Mais Abraham et Abimélek firent alliance à Beersheba, nom qui signifie « le Puits-du-Serment » (Gn 21, 25-31). Un peu plus tard, les Philistins bouchèrent les puits que les serviteurs d'Abraham avaient creusés. Isaac les fit creuser à nouveau « et il leur donna les noms que leur avait donnés son père » (Gn 26, 13-18). Les puits sont lieux de mémoire, ils ouvrent toujours à la nappe phréatique d'une histoire longue, dont le nomade se souvient comme de ses racines. Ils sont également lieux de rencontre. Ainsi, au bord d'un puits, le serviteur d'Abraham rencontra Rébecca, au pays d'Harân, et elle devint la femme d'Isaac (Gn 24, 15. 51. 67). Durant l'Exode, comme en une image inversée, les Hébreux durent en passer par les eaux saumâtres de Mara pour éprouver la soif – et peut-être la soif de Dieu – avant de connaître les sources d'Élim et l'eau que Moïse fit jaillir du rocher (Ex 15, 22 – 17, 6). La prière des psaumes nous va droit au cœur, car nous avons la même soif : « Comme un cerf altéré cherche l'eau vive… » (Ps 41 [42]) et le magnifique « Mon âme a soif de toi… » (Ps 62 [63]). Jésus lui-même connut la soif. Près du puits de Jacob, une Samaritaine découvrit que cette soif parlait de Dieu, comme le cri de Jésus en croix selon Jean, soif intense de Dieu.

Les puits sont lieux de mémoire. […] Ils sont également lieu de rencontre.

Quand nous allons au chemin des sources, nous poursuivons ce long tracé de la Bible, car même très discrètes au bord du chemin, elles nous parlent de Dieu. ■

QUESTION DE DIEU

Sœur Anne Lécu, dominicaine

« Pourquoi pleures-tu ? »

Loin de nous infantiliser, cette question rend aussi possible l'accueil de nos tristesses, de nos inconforts, de nos joies. Comment Dieu se rend-il proche de nous ?

Au premier livre de Samuel (1 S 1, 1-20), une femme stérile, Anne, l'épouse aimée d'Elqana son mari, se fait humilier par la seconde épouse qui a des enfants sans difficultés alors qu'elle ne peut pas en avoir. Chaque année, lorsqu'ils montent tous au sanctuaire de Silo, c'est un enfer pour Anne qui subit les moqueries de Peninna. Un jour, elle se lève et va pleurer au temple et supplier le Seigneur qu'il lui donne un fils. Le prêtre du sanctuaire en guise de paroles de consolation, vient la voir et lui dit : « Combien de temps vas-tu rester ivre ? Va cuver ton vin. » Elle répond alors calmement mais fermement au prêtre qu'elle n'est pas ivre mais qu'elle prie. Lorsque plus tard elle donnera naissance à Samuel, qui deviendra prophète, elle chantera ce grand cantique d'action de grâce, support au Magnificat (1 S 2, 1-10).

Bien longtemps plus tard, une autre femme, Marie, se tient tout en pleurs au seuil du tombeau où l'on a déposé le corps de son Seigneur. Il n'y a pas de temple, mais un jardin. Nul grand prêtre, mais deux anges et un jardinier. Les deux anges parlent à Marie avec douceur, ils ne lui font aucun reproche, mais la rejoignent dans sa douleur par cette question : « Pourquoi pleures-tu ? » Et Marie parle aux anges. Les anges de nos existences ne sont pas déroutants. Ils nous ressemblent, sont nos amis, nos collègues. Toute personne qui parle en vérité, et pose une question réelle se fait messager de Dieu, y compris à son insu. Et Marie expose sa plainte, telle qu'elle est : « On a enlevé mon Seigneur, et je ne sais pas où on l'a déposé » (Jn 20, 11-13).

Le jardinier qui se tient en retrait prend à son tour la parole et repose la même question à Marie doublée •••

©Bridgeman Images

Anne et Elqana, devant le prêtre Éli. ***Bible historiale*****, Guiart des Moulins, 1411.**

Première Alliance

« Anne parlait dans son cœur : seules ses lèvres remuaient, et l'on n'entendait pas sa voix. Éli pensa qu'elle était ivre et lui dit : "Combien de temps vas-tu rester ivre ? Cuve donc ton vin !" »

1 Samuel 1, 13-14

… d'une autre : « Pourquoi pleures-tu ? Qui cherches-tu ? » (Jn 20, 15). Elle ne le reconnaît pas d'emblée. Peut-être a-t-elle trop de peine encore. Savons-nous être là, près de celles et ceux qui ont trop de peine, être là sans impatience, afin d'écouter vraiment leur plainte, la vérité de leur cri ? C'est alors que Jésus appelle Marie de Magdala par son nom : « Myriam ! » Le ton de la voix, cette manière de prononcer son nom de façon unique, cette façon dont nous pouvons entendre le nôtre lové dans le texte, oui, tout nous permet d'être là, avec elle, dans ce jardin des premiers jours. Jésus s'intéresse à nos chagrins, à nos drames, et il a passé sa vie à tenter de nous en convaincre. Dieu lui-même est le plus proche des plus proches. Nous sommes chacun son préféré. Laissons-le nous questionner sur ce qui nous habite, nos craintes, nos tremblements, nos angoisses, nos joies. Et prononcer notre nom dans le secret. ■

Nouvelle Alliance

« Jésus lui dit : "Femme, pourquoi pleures-tu ?
Qui cherches-tu ?" Le prenant pour le jardinier,
elle lui répond : "Si c'est toi qui l'as emporté,
dis-moi où tu l'as déposé, et moi, j'irai le prendre." »

Jean 20, 15

TRÉSORS DE LA LITURGIE

Sœur Emmanuelle Billoteau, ermite

Contempler en Marie les merveilles de Dieu

La solennité de l'Assomption s'articule avec une messe la veille au soir, aux premières vêpres, conformément au comput biblique – « il y eut un soir, il y eut un matin » –, et une messe du jour qui nous est plus familière. Des célébrations riches de convictions de foi, aptes à nourrir notre intelligence et à irriguer notre prière !

L'Assomption de Marie n'a pas de fondement dans les Écritures. Nous ne savons rien des circonstances de sa mort qu'une tradition situe à Jérusalem et une autre à Éphèse. Cela étant, cette solennité exprime des vérités profondes concernant non seulement la mère de Jésus mais aussi l'Église dont elle est la figure et dont nous sommes les membres.

L'antienne d'ouverture de la messe du soir du 14 août nous remet d'emblée devant l'essentiel, nous évitant de tomber dans les déviations qui peuvent parfois affecter la relation à Marie : « Nous célébrons les merveilles que le Seigneur a faites pour…

… la Vierge Marie […], elle partage aujourd'hui le triomphe du Christ. » Dieu est au centre de notre culte, il est celui vers lequel ce dernier tend. À travers Marie, c'est lui que nous célébrons. Cette dernière reste une créature, même si sa place est unique. Comme le disait le cardinal Suenens (XXe siècle) : « La dévotion mariale véritable part d'en haut; elle est commandée non par l'affectivité mais par la foi; elle est d'abord adhésion à Dieu et acceptation de son dessein à lui » (*Pastoralia*). La prière qui suit va dans le même sens, invitant à contempler l'attention que Dieu a portée à Marie « en se penchant sur elle », une expression reprise au *Magnificat* mis par Luc sur les lèvres de Marie (Lc 1, 48). Et, comme dans l'antienne d'ouverture, nous trouvons le motif de la gloire et de la royauté partagées avec le Fils éternel. En outre, cette prière nous rappelle que ce qui est advenu à Marie nous concerne. Ce que l'Assomption de Marie nous donne à voir est l'avenir qui nous est promis, par-delà la mort. Car, comme l'affirme la deuxième lecture de cette messe : « La mort a été engloutie dans la victoire » (1 Co 15, 54). Mais, à la différence des autres humains et tout comme Jésus, Dieu et homme, Marie n'a pas connu la corruption du tombeau.

La première prière de la messe du jour affirme, quant à elle, que Dieu a fait « monter » Marie « jusqu'à la gloire du ciel avec son âme et son corps ». Une élévation immédiate dans la gloire divine dont la préface donne la raison. S'adressant à Dieu, le prêtre prononce ces paroles : « Tu as préservé de la dégradation du tombeau le corps qui avait porté ton propre Fils et mis au monde l'auteur de la vie. » De nombreux penseurs et priants ont développé cette certitude. À ce titre, citons Germain de Constantinople (VIIe s.) : « Celui qui s'est anéanti lui-même en toi [Marie] est Dieu depuis le commencement et vie avant les siècles, et la mère de la vie devait elle-même demeurer avec la vie, la mort ne pouvait être pour elle qu'un sommeil » – d'où le nom de Dormition donné à cette fête par les chrétiens orthodoxes –, « et l'assomption serait ainsi comme un réveil pour la mère de la Vie. » Et il poursuit : « Tu as été corporellement sa demeure; et maintenant c'est lui qui, en retour, est devenu le lieu de ton repos » (*Homélie 1 pour la Dormition*). Citons encore saint Jean Damascène (VIIe s.) : « Puisque le Christ qui est la vie et la vérité a dit : "Là où je suis, là sera aussi mon serviteur", comment à plus forte raison, sa mère ne partagerait-elle pas sa demeure ? » (*Deuxième Homélie pour la Dormition*). Une remarque qui évite tout sentimentalisme et rejoint le propos de Jésus sur sa vraie famille : à savoir ceux qui écoutent la Parole.

« La dévotion mariale véritable part d'en haut; […] elle est d'abord adhésion à Dieu et acceptation de son dessein à lui. »

De par son ouverture totale à la grâce, Marie a comme « brûlé une étape » par rapport à nous qui passons par la corruption du tombeau. Mais elle ne fait que nous devancer, puisque nous sommes, nous aussi, appelés à partager la gloire et la royauté du Christ. De quoi lui emboîter le pas dans la disponibilité et la liberté que façonnent en nous la Parole, la prière et l'émerveillement. ■

SAGESSES DU DÉSERT

Jean-Guilhem Xerri, auteur de *(Re)vivez de l'intérieur,*
Les éditions du Cerf, 2019

S'alimenter librement ?

Les Pères du désert nous alertent quant à une certaine avidité alimentaire, pour nous ajuster entre désir et besoin véritable du corps.

« Abba, pourquoi attirez-vous autant notre attention sur notre façon de nous nourrir ? », demanda un disciple à un Père du désert.

Pour les Pères, le rapport que nous entretenons avec la nourriture a quelque chose de hautement spirituel. À tel point qu'ils considéraient une avidité alimentaire déraisonnable comme une maladie en partie d'origine spirituelle. « Quiconque veut être purifié doit d'abord se garder du manque de discernement dans la nourriture », dit Cassien, évangélisateur de la Provence, après un séjour au Ve siècle dans le désert d'Égypte.

Les aliments ont été créés pour une double fin : nous nourrir et nous servir de remèdes. C'est pourquoi les repas sont des occasions naturelles pour rendre grâce de ces dons de Dieu. En pratique, les régimes doivent être adaptés à l'âge, aux occupations et à la constitution. Mais la frontière entre une alimentation raisonnée et une avidité excessive peut être vite franchie, conduisant à un alourdissement et un émoussement du corps et de l'esprit. Les Pères nous alertent sur deux signes. D'abord les excès de consommation, quand le désir dépasse le besoin du corps. Ensuite la façon de manger, quand je deviens esclave de mon estomac. Ce n'est donc pas le plaisir que l'on trouve à manger qui pose difficulté mais d'en être dépendant. C'est pourquoi abba Poemen, un des premiers Pères du désert du IVe siècle, conseillait de « manger sans manger et de boire sans boire » !

Les Pères nous ouvrent deux voies complémentaires, la tempérance et la conversion. La première s'adresse au corps et cherche seulement ce qui est nécessaire pour soutenir notre corps; pas plus mais pas moins, non plus. La seconde concerne notre cœur et nous fait remettre Dieu à la première place de notre désir : « Ne travaillez pas pour la nourriture qui passe, mais pour celle qui reste dans la vie éternelle » (Jn 6, 27). Ces deux conseils

© Gaëtan Évrard

« Manger sans manger et boire sans boire » (abba Poemen).

sont valables aussi si nos dépendances portent sur des objets autres que la nourriture, tels les écrans par exemple.

Il y avait dans le désert un abba qui était tellement libre de l'alimentation qu'il avait besoin de ses disciples pour lui rappeler s'il avait déjà mangé ou pas. Quel détachement ! ■

Qui étaient les Pères du désert ?

Des hommes et des femmes, pionniers de la vie monastique. Ils s'installent à partir du IVe siècle dans les déserts d'Égypte et de Syrie pour vivre leur foi en petites communautés ou en solitaires. On appelle « apophtegmes » leurs conseils.

TÉMOIGNAGE DE LECTEUR

Propos recueillis par le **père Jean-Paul Musangania**, assomptionniste

« Un clin d'œil bienveillant du Père »

Richard Germain, 40 ans, ouvrier soudeur dans l'industrie automobile et paroissien de Coulans-Sur-Gée – Rouillon, dans le diocèse du Mans (72).

« Je suis un "vagabond de la prière" qui n'a pas de lieu précis pour s'adresser à Dieu. Souvent, je prie allongé dans mon lit, assis au bureau de la maison ou sur le canapé. Il m'arrive aussi d'écouter l'évangile du jour dans la voiture via l'application *Prions en Église* que j'ai installée sur mon téléphone portable. J'ai pris cette habitude d'invoquer le Seigneur au cours de mes journées en fonction des évènements, des rencontres ou même de mon humeur. La prière est toujours pour moi une occasion, ne serait-ce qu'un court instant, pour révéler intérieurement mon profond désir de Dieu. J'en déduis donc que tout dans ma vie est occasion de le rencontrer, découvrir sa présence, son action. Souvent, je découvre que les paroles du psaume ou de l'Évangile coïncident avec mes propres intentions de prières.

La parole de Dieu m'aide ainsi à être en communion avec l'Église

© Sandrine Martin

et les nombreux fidèles qui vivent chaque jour la liturgie. Je ressens parfois le besoin d'aller me recueillir dans l'église du village qui est ouverte tous les jours (c'est une chance !). Là ma prière est plus posée. J'aime parler au Seigneur présent dans le Saint-Sacrement. C'est comme si j'allais rendre visite à un ami !

Avec mes cinq sens, j'aimerais pouvoir dire ce que je ressens de Dieu dans la prière… mais je suis plutôt d'accord avec le prophète Isaïe : “Vraiment tu es un Dieu qui se cache, Dieu d'Israël, Sauveur !” (Is 45, 15). Je confie à Dieu mes proches ainsi que ma relation aux autres. Je demande à son Esprit de m'éclairer pour ne pas me tromper dans des décisions à prendre. C'est certainement un canal qui permet à Dieu de me montrer sa présence à mes côtés, de me dire combien il s'intéresse à ma vie ! Je dois dire, alors, que j'accueille ces concordances comme des clins d'œil bienveillants du Père. » ■

QUESTION DU MOIS

Pourquoi visiter un sanctuaire ?

« Par sanctuaire, on entend une église ou un autre lieu sacré où les fidèles se rendent nombreux en pèlerinage pour un motif particulier de piété » (code de droit canonique – can. 1230). Signe de la présence de Dieu dans l'histoire des hommes, chaque sanctuaire s'offre comme une halte spirituelle pour nous, pèlerins sur la terre. Le sanctuaire permet de faire mémoire de l'amour fidèle de Dieu pour son peuple et de lui en rendre grâce. Lieu de dévotion, d'adoration, d'émerveillement, de célébration, il invite à rencontrer le Christ dans la Parole et les sacrements. Et il est signe d'espérance, prophétie de notre destinée ultime : la Jérusalem céleste (Ap 21). Visiter un sanctuaire engage chacun au-delà de son désir personnel. Outre l'occasion de redécouvrir la miséricorde du Seigneur (sacrement de la réconciliation), aller au sanctuaire vivifie le sentiment d'appartenance à l'Église, la communion dans la foi, et ravive la charité fraternelle : la grâce reçue doit être partagée. L'intercession de Marie ou des saintes et saints stimule notre prière et la remplit de joie.

En mai dernier, le pape François a voulu que, de trente sanctuaires à travers le monde, monte vers Dieu une supplication pour la fin de la pandémie. Chaque sanctuaire est lumière pour toute l'humanité. ■

Michèle Clavier, *théologienne*

DESTINATION TERRE SAINTE

Un voyage exceptionnel

Partir en Terre sainte ? Après de longs mois de privation, ce sera à nouveau possible du 9 au 18 avril prochain, à l'occasion de la fête de Pâques, et du 23 mai au 2 juin, avec quelques étapes en Jordanie. Que ce soit ou non la première fois, ce pèlerinage biblique est exceptionnel. Vous foulerez les chemins de nos ancêtres dans la foi et les routes empruntées par le Christ. Vous vivrez la joie et la fraternité, au sein d'un groupe où l'on se soutient les uns les autres ! ■ **Père Thibault Van Den Driessche**, *assomptionniste*

© AdobeStock

PRATIQUE

Informations sur le site : voyages.la-croix.com

Paysage urbain de la vieille ville de Jérusalem.

Jean-Christophe Carré, volontaire DCC et formateur en informatique au Togo

Le rythme de la foi

« J'enseigne dans une école d'informatique au centre du Togo, où les formations professionnelles sont peu nombreuses et l'accès à l'emploi difficile. Quand j'ai du temps libre, je travaille chez un menuisier à Sokodé. Voici une anecdote qui m'a fait réfléchir : vers 18 heures, les employés musulmans arrêtent leur ouvrage, étendent quelques tapis au centre de l'atelier, et la prière collective commence. Je découvre alors combien leur foi est vécue et rythme toute la vie quotidienne : au travail, avec les enfants à la maison, avec les amis le week-end, et pas seulement le vendredi à la mosquée. Et nous, avons-nous conscience que nous sommes chrétiens avec nos collègues tout autant que le dimanche à la messe ? Comment réfléchissons-nous au sens profond de notre travail : pour qui et pour quoi ? Mon travail contribue-t-il à embellir la Création ou, au contraire, à la détruire indirectement ? Est-ce que je témoigne courageusement auprès de mes collègues ou est-ce que je me range dans la bien-pensance ? La prière permet de poser ces questions et d'élever le regard. Dieu peut nous aider à y répondre. Lui laissons-nous le temps de nous parler ? » ■

DCC/JC. Carré

Jean-Christophe Carré dans l'atelier de menuiserie, Sokodé (Togo).

Père Thibault Van Den Driessche, assomptionniste

L'été : l'occasion de la rencontre

Que ce soit à la plage ou à la montagne, par le numérique ou par la rencontre, voici trois initiatives pour proposer aux touristes un bout de chemin de foi.

Connaissez-vous Nessia ? Avec cette application pour smartphones, le service de pastorale du tourisme du diocèse de Nice mise sur les nouvelles technologies. Pour chaque église répertoriée du haut pays des Alpes-Maritimes (06), Nessia, aux six mille téléchargements, fournit de l'information culturelle – architecture, peinture, histoire – mais aussi les horaires de messes, les lectures du jour, la biographie du saint patron, les dates d'événements ecclésiaux. « Nous proposons aussi des parcours de foi, sur les chemins de Saint-Jacques, à la découverte des ex-voto, explique son créateur, le père Frédéric Sangès, responsable de la pastorale du tourisme du diocèse de Nice. Avec cette appli, je souhaite que les utilisateurs le ressentent, l'Église ne se réduit pas à quelques statues du passé, mais qu'elle est bien vivante. » Promue par Instagram, par des influenceurs et des journaux comme *Le Parisien,* cette appli née en

2018, trouve surtout son public auprès des non pratiquants ou des non croyants. « On montre le côté fun de l'Église, on tente de la rendre accessible à tous, et ça marche », s'émerveille le père Frédéric. À tel point que l'appli a été adoptée par d'autres diocèses, à La Rochelle, Strasbourg, Quimper ou Avignon.

Le père Arnaud Alibert célèbre la messe à Valras-Plage (34).

Si, en 2021, les nouvelles technologies permettent de rejoindre les vacanciers, le festival Anuncio continue le pari de l'évangélisation directe depuis 12 ans. Pour le deuxième été consécutif, la crise sanitaire et l'interdiction des grands rassemblements obligent les festivaliers, auparavant cantonnés à la Méditerranée, d'essaimer vers d'autres coins de France : « On découvre de nouveaux paysages, de nouvelles richesses culturelles, qui nous obligent à nous adapter, explique Godefroy le Prince, coresponsable d'Anuncio. Car il est différent d'évangéliser sur la plage de Palavas-Les-Flots (34), en donnant à découvrir la cathédrale de Saint-Dié (88) ou en participant à la fête de la figue à Solliès-Pont (83). » Cet été, ...

… près de quatre cents jeunes, âgés en moyenne de 25 ans, vont annoncer le Christ dans seize lieux de mission différents : des plages de l'Atlantique à celles de la Méditerranée, des lacs, comme Gérardmer (88), aux villes, comme Toulouse (31), pour rejoindre les vacanciers partout en France.

Rejoindre les vacanciers dans leur vie de foi, tel est justement l'objectif du père Arnaud Alibert, assomptionniste. Il anime, depuis l'an dernier, la paroisse de Valloire (73) l'été. « Pour beaucoup, la messe de leurs vacances est la seule de leur été, voire de leur année. Mes prédications doivent d'autant plus toucher les cœurs », remarque le père Arnaud, qui aime aussi participer aux pélés d'un jour. Ces marches ont pour destination l'une des nombreuses chapelles juchées sur les hauteurs. Les touristes, une cinquantaine par randonnée, y viennent en famille, avec leur pique-nique, sympathisent les uns avec les autres, célèbrent la messe au sommet, à côté de la chapelle du jour. « Les non croyants y trouvent aussi leur compte. S'ils ne viennent pas à la messe, cela leur permet de renouer avec leurs racines chrétiennes. » ■

Pour aller plus loin

- www.festival-anuncio.fr
- valloire.paroisse73.fr
- L'application Nessia à télécharger sur Google Play et Appstore
- Les services diocésains de la pastorale du tourisme et des loisirs

LE JOUR DU SEIGNEUR – FRANCE 2 (11 heures)

1/8 Le Horn (messe en plein air), Wolxheim (67).
Prédicateur : P. Vincent Cabanac, assomptionniste.

8/8 Centre de vacances de jeunes aveugles (messe en plein air), Ronno (69).
Prédicateur : Fr. Yves Combeau, dominicain.

15/8 Sanctuaire Notre-Dame, Knock (Irlande).
Prédicateur : P. Richard Gibbons.

22/8 Sanctuaire de Notre-Dame, Beauraing (Belgique).
Prédicateur : *information non confirmée.*

29/8 Église Notre-Dame de l'Assomption, Vouvant (85).
Prédicateur : P. Denis Ledogar, assomptionniste.

FRANCE CULTURE (10 heures)

1/8 Chapelle Notre-Dame de la Médaille miraculeuse, Paris (VIIe).
Prédicateur : Fr. Benoît Vandeputte, dominicain.

8/8 Église Saint-Thuriau, Crac'h (56).
Prédicateur : Fr. Stéphane-Dominique Hundo, dominicain.

15/8 Église Notre-Dame de l'Assomption, Malicorne (89).
Prédicateur : Mgr Hervé Giraud.

22/8 Abbaye aux Dames, Saintes (17).
Prédicateur : P. Guillaume Salin.

29/8 Chapelle Notre-Dame de la Médaille miraculeuse, Paris (VIIe).
Prédicateur : Mgr Bernard Podvin.

LIVRES

LA SÉLECTION DE PANORAMA

Comme des cœurs brûlants

Alexia Vidot, Artège, 240 p.

Une « blessure d'amour dont l'on ne peut guérir sauf à “colmater la brèche”, et cela est un drame ». Dans ce livre, la journaliste Alexia Vidot raconte sa conversion et relate celle de sept personnalités séduites, elles aussi, par le Christ. Étonnant de voir la façon personnelle dont chacun est rejoint. Ne désespérez pas : tout est possible à Dieu ! ■

Marie-Christine Vidal,
rédactrice en chef de *Panorama*

Forts dans la faiblesse
Au cœur de la non-violence évangélique

P. Dominique Lang, Salvator, 168 p.

Quelle réponse chrétienne face aux crimes abjects ? N'est-ce pas la crédibilité même de l'Évangile qui se joue ? Prêtre assomptionniste, l'auteur plaide pour la non-violence active dans le christianisme, un travail de déminage pour interroger les désirs de violence et les désarmer. Le journaliste nourrit sa réflexion des enseignements de Jacques Ellul, Martin Luther King…

Les catholiques, c'est pas automatique

Jean-Pierre Denis, Ed. du Cerf, 180 p.

Quel est le sens de cette pandémie ? Que reste-t-il de nos visions de la vie, du monde, de l'homme ? Où allons-nous ? Et où est passé Dieu dans tout ça ? Répondant du tac au tac à son contemporain dépressif ou dubitatif, Jean-Pierre Denis lui oppose les leçons de la Bible. Lui concédant que son désarroi n'est pas sans raison, il n'épargne pas la France, ni son État, ni son Église. Un essai lucide écrit avec humour. ■ **Xavier Jaricot**

EXPOSITION

« Le Miroir du Prince »

Les musées Rolin d'Autun et Vivant Denon de Chalon-sur-Saône proposent une double exposition en collaboration avec le musée du Louvre : « Le Miroir du Prince ». Elle présente la commande artistique de hauts dignitaires bourguignons entre 1425 et 1510. Ce foyer extraordinaire du XVe siècle a été source d'admirables créations d'art sacré en Bourgogne. ■

Benoît de Sagazan,
rédacteur en chef du *Monde de la Bible*

Suzanne de Bourbon, dit enfant en prière de Jean Hey, huile sur bois, 29 × 19 cm, (1475-1500), Paris, musée du Louvre.
© RMN-Grand Palais(musée du Louvre) /Stéphane Maréchalle. Service presse / musée du Louvre, Paris

Jusqu'au 19 septembre, musée Rolin, 3 rue des bancs 71400 Autun www.museerolin.fr et musée Vivant Denon, place de l'Hôtel de ville 71100 Chalon-sur-Saône www.museedenon.com

NOS ACTUS

« Tous appelés à la fraternité »

Pour l'Assomption, *Prions en Église* et le Pèlerinage national proposent l'e-pèlerinage « Tous appelés à la fraternité ». Du 12 au 16 août, recevez tous les matins par mail des vidéos, des podcasts, des textes pour découvrir l'histoire des apparitions, visiter le sanctuaire, suivre des conférences, déposer vos intentions de prière, et rejoindre les pèlerins présents pour les grands temps de prière en direct. ■ **Amandine Boivin**

Gratuit sur inscription : prionseneglise.fr/e-pelerinage-lourdes

CD

Dieu de la vie

Communauté de Vie Chrétienne
ADF-Musique

En vue du rassemblement mondial de la Communauté de Vie Chrétienne (CVX) à Marseille pour la Toussaint 2021, une équipe d'auteurs et de compositeurs de CVX a créé onze chants et une messe. Des œuvres qui mériteront d'être utilisées bien au-delà de ce rassemblement.

Sentinelle

Claire Bouchadeill
ADF Musique

Musicienne au style folk et acoustique, Claire Bouchadeill écrit et compose des chansons à l'univers lumineux inspiré par les textes bibliques ou par la spiritualité franciscaine. Des chants de confiance et d'espérance interprétés sans artifices, avec fraîcheur et simplicité. ■

Dominique Pierre, rédacteur en chef de *Chantons en Église*

NUMÉRIQUE

« Découvrir Dieu »

La plateforme Découvrir Dieu, en partenariat avec KTO-TV, offre des témoignages authentiques de personnes qui ont rencontré Dieu pendant le confinement ou à l'occasion d'une rencontre ou une maladie : « Je vais te dire comment j'ai rencontré Dieu », « J'ai senti comme un dialogue avec Marie », « Le Christ m'a rejointe à travers la souffrance »… Le site dispose aussi d'un espace interactif pour répondre à toutes les questions de fond sur la foi chrétienne. ■

decouvrir-dieu.com

P. Jean-Paul Musangania

AGENDA

Informations communiquées sous réserve de modifications.

À l'heure où nous imprimons, nous ne pouvons prévoir les conditions d'ouverture des centres spirituels ou de formation. Leur site internet précise, selon les circonstances, ce qui se tient en ligne ou en présence.

Grand Nord-Ouest

KERGALLIC (56)

DU DIMANCHE 8 AU SAMEDI 14

Retraite Jeunes pro

« Le mal aura-t-il le dernier mot ? En Bretagne l'espérance vous gagne » Pour cette « session Theodom », sur Belle-Île-en-Mer : prière, baignades, balades et théologie. Animée par une équipe de dominicains, pour étudiants et jeunes professionnels.

andreas.riis@dominicains.fr

jubilatio-jeunesse-dominicaine.fr

NOUAN-LE-FUZELIER (41)

DU MERCREDI 11 AU DIMANCHE 15

Festival des familles

« Moi et ma maison, nous servirons l'Éternel » : une session proposée dans le contexte de l'Année de la famille par la communauté des Béatitudes. Enseignements pour les parents, animations pour les jeunes et ateliers pour les enfants. Eucharisties, confessions, adoration du Saint Sacrement, veillées.

02 54 88 77 33

beatitudes.org

SAINT-CYR-SUR-LOIRE (37)

DU MARDI 17 AU SAMEDI 21

Retraite

Une retraite spirituelle de trois jours pour tous, selon la pédagogie ignatienne avec les sœurs de la Compagnie de Sainte-Ursule, près de Tours.

02 47 88 46 00

ursule-tours.cef.fr

Grand Nord-Est

VION (72)

DU LUNDI 9 AU DIMANCHE 15

Retraite de l'Assomption

Avec la Vierge Marie, apprendre la vie chrétienne dans tout son réalisme. Retraite avec enseignements des Pères de l'Église, travail de la terre, eutonie (conscience corporelle) et liturgie, au sanctuaire Notre-Dame du Chêne. Animée par

... l'organisation Anastasis.
02 43 95 48 01
ndchene@notredameduchene.com
notredameduchene.com

MOUVAUX (59)

DU LUNDI 16 AU SAMEDI 21

Retraite en silence

« Avec Pierre, apôtre fragile et fidèle, découvrir le visage de Jésus » : retraite en silence avec la parole de Dieu, animée par sœur Anne-Dominique Wattelle, sœur de l'Enfant Jésus de Lille. Accompagnement spirituel proposé.
03 20 26 09 61
contact@hautmont.org
www.hautmont.org

Grand Sud-Ouest

SAINT-BENOÎT (86)

DU MERCREDI 17 AU SAMEDI 21

Méditation spirituelle

Pratiquer la méditation en se mettant à la suite des Pères du désert chrétiens, s'appuyer sur un enseignement pour faire l'expérience de Dieu. Hébergement possible à l'abbaye Sainte-Croix.
05 49 88 57 33
accueil.stecroix@free.fr
http://www.abbayesaintecroix.fr

BELLOC (64)

À PARTIR DU LUNDI 23

Retraite spirituelle

Prendre le temps d'une retraite de 5, 8 ou 10 jours, selon les *Exercices spirituels* : une expérience ouverte à tous (jeune ou adulte, laïc, prêtre, religieux, religieuse), à l'abbaye bénédictine de Belloc. Organisée par sœur Bénédicte Lamoureux, du centre spirituel jésuite du Sud-Ouest.
05 62 71 65 30
secretariat@coteaux-pais.net
coteaux-pais.net

Grand Sud-Est

LÉONCEL (26)

DU LUNDI 9 AU VENDREDI 13

Semaine marche et prière

Retraite sur le thème « Au fil du livre de l'Exode : la vie au désert », avec le père Guillaume Teissier. Au cours de la marche, temps de lecture de textes bibliques et temps de partage. Accueil le dimanche à partir de 17 heures.
06 33 05 05 22
abbaye-leoncel-vercors.com

CHAPONOST (69)

DU JEUDI 19 AU DIMANCHE 22

Université d'été

La famille des Missions Africaines se réunit cet été, aux Cartières, autour de ce thème en lien avec *Laudato si'* : « Quel avenir pour l'humain face aux défis des questions contemporaines de la bioéthique, de l'écologie et de l'économie ? » Parmi les intervenants : Marie-Christine Bernard (théologienne, spécialisée en anthropologie) ; Bernard Perret (socioéconomiste et essayiste), Frédéric Wicker (diacre permanent)…

04 78 45 21 89

accueil@lescartieres.fr

ZOOM

Pélé Mosaïque

« Tous appelés à la fraternité » : le Pélé Mosaïque, en lien avec le Pèlerinage national à Lourdes *(lire p. 125)*, fait particulièrement sens cette année. Du 11 au 16 août 2021, 300 personnes seront accueillies à la Cité Saint-Pierre pour ce pèlerinage solidaire. Des familles démunies, des migrants et réfugiés, d'anciens détenus, des personnes sans-abri ou issues de la prostitution pourront vivre ici un temps de ressourcement spirituel et de rencontres. « Marie, l'histoire de Bernadette, les piscines… c'est très important pour eux, explique Christine Balu, de l'équipe organisatrice. Et pour certains enfants, c'est le seul moment de l'année où ils quittent leur cité. » Grâce aux dons faits à l'association Notre-Dame-du-Salut (pelemosaique@pelerinage-national.org), les frais de ces peronnes sont réduits. Et, le temps de quelques jours, elles sortent de leur quotidien difficile et deviennent pèlerins. Certains reviennent pour être hospitaliers auprès des malades. Après la privation de 2020, ce temps est attendu avec beaucoup d'impatience. ■

Clotilde Pruvôt, journaliste

… Île-de-France

CLAMART (92)

DU MERCREDI 4 AU JEUDI 12

Retraite biblique d'été

Retraite à partir de la parole de Dieu, avec enseignements et conseils pour nourrir la réflexion et la prière personnelle. Avec père Bruno Régent sur les signes dans l'évangile de Jean : « L'œuvre de Dieu, c'est ce que vous croyez » (Jn 6, 29).

01 45 29 98 60
accueil@manrese.com
www.manrese.com

Monde

BOLOGNE (ITALIE)

MERCREDI 4

Jubilé

Dominique de Guzman, fondateur de l'Ordre des frères prêcheurs (op), a été rappelé à Dieu le 6 août 1221, il y a 800 ans. En cette année jubilaire, la solennité de saint Dominique sera célébrée le 4 août lors de la messe présidée par le maître de l'ordre, Fr. Gerard Timoner III en la basilique Saint-Dominique de Bologne.

dominicus800.op.org/fr/

LOUVAIN ET BRUXELLES (BELGIQUE)

DU MARDI 24 AU JEUDI 2 SEPTEMBRE

Pèlerinage en Terre sainte

« Terre sainte : relancer la Vie ! », c'est la proposition de pèlerinage en Terre sainte que font l'aumônerie de l'UCLouvain-Woluwe, la paroisse Notre-Dame de l'Assomption et l'église de la Madeleine de Bruxelles. Accompagné par P. Philippe Berrached.

philippeberrached@hotmail.com
louvain2021-israel.venio.fr

ENVOYEZ VOS RENDEZ-VOUS À L'AGENDA DE PRIONS EN ÉGLISE : Merci d'envoyer les informations nécessaires 3 mois avant l'événement, sans engagement de publication par la rédaction, à : *Prions en Église,* Agenda, 18 rue Barbès, 92120 Montrouge, ou par e-mail : *prionseneglise@bayard-presse.*

PrionsenÉglise 18, rue Barbès, 92128 Montrouge Cedex.
www.prionseneglise.fr

▶ **POUR CONTACTER LE SERVICE CLIENT : 01 74 31 15 01** – service.client@bayard-presse.com
(Préciser : nom + adresse postale + « concerne Prions en Église ».)

▶ **POUR VOUS ABONNER : 01 74 31 15 01** – www.librairie-bayard.com
Bayard, Prions en Église, TSA 60007, 59714 Lille Cedex 9

▶ **POUR CONTACTER LA RÉDACTION : 01 74 31 63 24** – prionseneglise@bayard-presse.com

Directeur de la publication : Pascal Ruffenach. Directeur : Jean-Marie Montel.
Rédaction : Karem Bustica (rédactrice en chef), Pomme Mignon (rédactrice en chef adjointe, directrice artistique), Frédéric Pascal (rédacteur en chef adjoint, secrétaire général de la rédaction), Armelle Gabriel (assistante), Jean-Baptiste Deau, Clotilde Pruvôt, Nicolas Crouzier (secrétaires de rédaction), Laurent Sangpo, Alexia Féron, Pascal Redoutey (rédacteurs graphistes), P. Thibault Van Den Driessche, P. Jean-Paul Musangania (rédacteurs), Agnès Thépot (relations lecteurs). Ont participé : Béatrice Basteau. Marketing éditeur et développement : Anne-Claire Marion (directrice), Amandine Boivin (responsable marketing). Marketing diffusion et abonnement : Aurore Bertrand (directrice), Sandrine Dos Santos (chef de marché). Direction des terrains catholiques : Cédric Bloquet (directeur), Stéphanie Chauveau (chef des ventes). Voyages lecteurs : Corinne Miguel. Contrôle de gestion : Tonnumy Ai. Fabrication : Franck Fournier. Impression : Maury SAS, Z.I. Route d'Étampes, 45330 Malesherbes.

Prions en Église est édité par Bayard Presse, société anonyme à Directoire et Conseil de Surveillance au capital de 16 500 000 €. Actionnaires : Augustins de l'Assomption (93,7 % du capital), SA Saint-Loup, Association Notre-Dame de Salut. Directoire : Pascal Ruffenach (président), P. André Antoni, Alain Augé et Florence Guémy (directeurs généraux). Président du Conseil de Surveillance : Hubert Chicou. Dépot légal à parution. CPPAP : 0425K86471 - ISSN : 0383-8285.
Belgique : Sandrine Van Gossum (éditeur responsable pour la Belgique), Bayard Presse Bénélux, Da Vincilaan, 1930 Zaventem. Tél. : 0800 90 028 (de Belgique, gratuit) ou 00 32 87 30 87 32 (de France) ou Tél. : 800 29 195 (du Luxembourg). Web marché chrétien : www.bayardchretien.be. Suisse : Edigroup SA 39 rue Peillonnex 1225 Chêne-Bourg – Suisse. Tél. : 00 41 22 860 84 02. Mail : abobayard@edigroup.ch

PEFC
10-31-1282
Certifié PEFC
Ce produit est issu de forêts gérées durablement et de sources contrôlées.
pefc-france.org

IMPRIM'VERT

***Prions en Église* agit pour l'environnement**
Origine du papier : Allemagne
Taux de fibres recyclées : 0 %
Origine des fibres : papier issu de forêts gérées durablement
Impact sur l'eau : Ptot 0,0016 kg/T

Ce numéro comporte
Sur la totalité de la diffusion :
encart broché "Prions en Église Junior",
encart jeté "Prions en Église" autopromo.
Sur une partie de la diffusion :
encart posé "Prions en Église" mailing été 2021,
relance posée "Prions en Église" offre d'abonnement.

Bulletin d'abonnement

☐ OUI, je m'abonne à *Prions en Église*

GRELHS0088

ÉDITION POCHE (13 x 11,9 cm) - PRI

- ☐ **1 an** (12 n^{os}) .... **45 €**
- ☐ **2 ans** (24 n^{os}) .... **80 €**
- ☐ **Étudiant** 1 an .... **29,95 €***

ÉDITION GRAND FORMAT (16 x 14,6 cm) - PRI

- ☐ **1 an** (12 n^{os}) .... **52 €**
- ☐ **2 ans** (24 n^{os}) .... **90 €**

+ EN CADEAU :
le hors-série *Noël 2021* à recevoir en octobre

PAR COURRIER Renvoyez ce bulletin accompagné de votre chèque libellé à l'ordre de « Bayard » à l'adresse suivante : **Bayard - TSA 60007 - 59714 Lille CEDEX 9**

PAR INTERNET librairie-bayard.com/abopri

PAR TÉLÉPHONE Précisez votre code offre : A176630
01 74 31 15 01 (numéro non surtaxé)

COORDONNÉES ☐ Mme ☐ M. Prénom

Nom A176630

Complément d'adresse (résid./Esc./Bât.)

N° et voie (rue/Av./Bd...)

Code postal Ville

Pays Date de naissance J J M M A A A A

Tél. E-mail
Pour recevoir, conformément à la loi, la confirmation de votre abonnement

RENSEIGNEMENTS POUR LES ABONNEMENTS HORS FRANCE MÉTROPOLITAINE

		DOM-TOM & UE	AUTRES PAYS	BELGIQUE	SUISSE
Téléphone		(33) 174 311 501		0800/90028**	(022) 860 84 02
POCHE	1 an	48 €	54 €	Renseignez-vous sur les tarifs et abonnez-vous par téléphone	
	2 ans	86 €	98 €		
GRAND FORMAT	1 an	55 €	61 €		
	2 ans	96 €	108 €		

*Uniquement en France métropolitaine. Cette offre ne contient pas de cadeau. Joindre une photocopie de la carte d'étudiant. **Appel gratuit

Offre valable jusqu'au 30/11/2021 pour tout 1er abonnement. Vous recevrez le hors-série *Noël 2021* en octobre. Si vous vous abonnez au-delà du 24/11/2021, alors vous recevrez le hors-série *Pâques 2022* en février. Bayard s'engage à la réception du 1er numéro, dans un délai de 4 semaines au maximum après enregistrement du règlement. Photos non contractuelles. À l'exception des produits numériques ou d'offre de service, vous disposez d'un délai de 14 jours à compter de la réception de votre produit/magazine pour exercer votre droit de rétractation en notifiant clairement votre décision à notre service client. Vous pouvez également utiliser le modèle de formulaire de rétractation accessible dans nos Conditions Générales de Vente. Nous vous rembourserons dans les conditions prévues dans nos CGV. Pour en savoir plus : https://librairie-bayard.com/cgv. Ces informations sont destinées au groupe Bayard auquel *Prions en Église* appartient. Elles sont enregistrées dans notre fichier à des fins de traitement de votre commande. Conformément à la loi « Informatique et Libertés » du 06/01/1978 modifiée et au RGPD du 27/04/2016, elles peuvent donner lieu à l'exercice du droit d'accès, de rectification, d'effacement, d'opposition, à la portabilité des données et à la limitation des traitements ainsi qu'au sort des données après la mort à l'adresse suivante, en joignant une photocopie de votre carte d'identité : Bayard (CNIL), TSA 10 065, 59714 Lille CEDEX 9. Pour plus d'informations, nous vous renvoyons aux dispositions de notre Politique de confidentialité sur le site www.groupebayard.com. Si vous ne souhaitez pas que vos données soient utilisées par nos partenaires à des fins de prospection commerciale, cochez cette case ☐